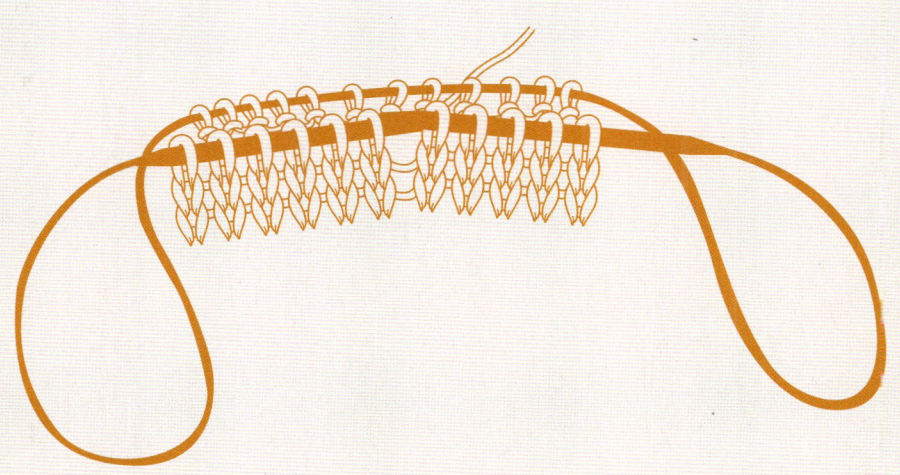

처음 시작하는 니트 교과서 2

빈티지 모던 스타일 손뜨개 니트
스타일을 완성하는 빈티지 니트웨어

지은이	커트니 켈리, 케이트 개그넌 오스본
옮긴이	정지인
펴낸이	한병화
펴낸곳	도서출판 예경
편집	최미혜
디자인	땡스북스 스튜디오 김욱, 김정연

초판 인쇄	2014년 1월 20일
초판 발행	2014년 1월 30일

출판등록	1980년 1월 30일(제300-1980-3호)
주소	서울특별시 종로구 평창2길 3
전화	396-3040~3
팩스	396-3044
전자우편	webmaster@yekyong.com
홈페이지	http://www.yekyong.com

ISBN	978-89-7084-514-2 (14590)

Vintage Modern Knits Copyright ©2011 by INTERWEAVE PRESS
Korean translation Copyright ©2014 by Yekyong Publishing co.
The korean translation right arranged with INTERWEAVE PRESS, an Imprint of F+W Media, Inc.
through Agency-one, Seoul, Korea

이 도서의 국립중앙도서관 출판시도서목록(CIP)은
서지정보유통지원시스템 홈페이지(http://seoji.nl.go.kr)와
국가자료공동목록시스템(http://www.nl.go.kr/kolisnet)에서
이용하실 수 있습니다.(CIP제어번호: CIP2014001011)

빈티지
모던
스타일

손뜨개
니트

커트니 켈리,
케이트 개그넌 오스본 지음
정지인 옮김

Vintage
modern
Knits

스타일을 완성하는 빈티지 니트웨어

예경

지은이 커트니 켈리 Courtney Kelley, 케이트 개그넌 오스본 Kate Gagnon Osborn

필라델피아에 살고 있는 두 사람은 파이버 컴퍼니The Fibre Company 사의 독특하고
예술적인 실들을 판매하는 켈번 울른즈Kelbourne Wooles를 운영하고 있습니다. 이들이
만든 패턴들은《보그 니팅》과《니트썬》,《인터위브 니트》,《인터위브 크로셰》등의 여러
잡지에 실려 큰 인기를 누리고 있습니다.《니트썬》2008년 겨울호와 2009년 여름호에서는
앞길이 창창한 이 두 젊은 디자이너를 특집으로 다루기도 했습니다.

옮긴이 정지인

부산대학교 독어독문학과를 졸업하고 영어와 독일어로 된 책을 우리말로 옮기는 일을
하고 있습니다.《멀어도 얼어도 비틀거려도》,《사물의 언어》,《진짜냐 가짜냐 모델이냐》,
《군인은 축음기를 어떻게 수리하는가》,《뱀파이어, 끝나지 않는 이야기》,《르네상스의 마지막
날들》(공역),《죽기 전에 꼭 봐야 할 영화 1001편》,《바느질 없이 만드는 손뜨개 니트》등을
우리말로 옮겼습니다. jacquain@gmail.com

일러두기

1. ✳ → 154쪽의 용어설명을 참조하라는 표시입니다.
2. 모든 콧수는 "99(108, 118, 128, 137, 147, 157)코"처럼 괄호 밖 숫자 하나와 괄호 속 숫자 여섯 개로 표시되어 있습니다.
   이는 각 사이즈별로 콧수를 표시한 것이므로, 자기가 뜨려는 사이즈와 같은 순서의 콧수를 뜨면 됩니다.
   예를 들어 10쪽에 있는 〈브리짓 재킷〉은 약 91.5(10.5, 112, 122, 132)cm의 다섯 가지 사이즈가 있는데
   만약 가슴둘레 112cm가 되는 옷을 뜨려면, 괄호 속 두 번째 적힌 콧수대로 뜹니다.
3. 본 책에서 사용한 바늘 중에는 우리나라에서 유통되지 않는 사이즈도 있으므로
   비슷한 크기의 다른 바늘로 적절히 대체하여 사용하시기를 바랍니다.

contents

introduction

들어가면서

전자공학의 발달이 가져온 초고속 인터넷 기술은 예전에는 상상하지도 못했던 방식으로 세계 각 지역들을 하나로 이어주며 우리에게 많은 것들을 가르쳐준다. 그러한 고도의 연결성 덕택에 예전이었다면 여러 해에 걸쳐 조사하고 배우고 익혀야만 알 수 있었을 정보를 쉽게 얻을 수 있게 되었다. 우리는 오늘날의 이런 상황을 지켜보면서, 뜨개질을 하는 수많은 사람들이 이 취미활동의 폭넓은 역사와 그 바탕이 되어온 뜨개질이라는 공예 자체에 대하여 충분한 시간을 두고서 깊이 파고들어가 볼 수 있는 책을 만들고 싶었다. 물론 이 책에 담긴 우리의 프로젝트들과 연구가 온라인을 통해 구한 진귀한 정보들에서 큰 도움과 영감을 얻은 것이 사실이지만, 우리의 이 작업은 인생이 좀 더 천천히 흘러가던 시절, 한 번 만든 물건은 언제까지나 곁에 두고 쓰던 시절을 향한 경의의 표현이기도 하다.

과거에는 한 계절이나 패션 트렌드가 (심지어 몇 세대가) 지나가도 변함없이 쓰이도록 세부에 꼼꼼한 정성을 기울인 품질 좋은 물건들을 소량으로 만들었지만, 일회용 제품과 최신 유행에 열광하며 빠른 속도로 휩쓸려가는 우리의 소비사회에서는 그런 정성어린 수공예가 이전 만큼 가치를 인정받지 못하는 것 같다. 그러나 세계 곳곳에서 이어져온 전통들을 계승하고 활용한 핸드메이드가 활기차게 퍼져나가면서, 오랜 세월 쌓여온 뜨개질에 관한 경탄스러운 자료들을 발굴하도록 우리를 끊임없이 자극하고 있다. 손으로 뜬 스웨터의 매력과 아름다움은 세월의 시험을 너끈히 통과하면서 필수품에서 실용적인 공예로, 다시 소박한 취미로 자리를 옮겨왔다. 기계와 공장 생산은 현대 세계에 크나큰 편안함을 안겨주었지만, 뜨개질을 하는 우리는 과거의 역사를 파고들면서, 한때 사람들에게서 추위를 막아주는 필수적인 수단이었던 것이 우리가 하는 모든 일에서 우리에게 영감과 감동을 주고 동기를 부여해주는 무언가가 되었음을 깨닫게 된다.

엄밀히 말해서 우리 두 사람의 미적인 취향은 다르다. 케이트는 자신의 뿌리인 뉴잉글랜드 지방의 전통을 확고히 고수하는 경향이 있다. 즉 무엇보다 실용성을 중시해 여러 겹을 포개 입는 것이 필수적이라고 여기며, 디자인은 줄무늬가 약간 들어간 것을 더할 나위 없이 좋아한다. 반면 나는 수공예가 필수적인 삶의 방편이었던 과거의 낭만성에서 영감을 얻고자 늘 벼룩시장을 들락거리면서, 쓸모가 있는지는 따지지 않고 많이 낡았거나 여러 차례 수선한 흔적이 있는 핸드메이드 물건들을 찾아다닌다. 우리 둘은 이렇게 다르면서도 동시에 전통적 스타일과 현대적 스타일이 만나는 지점에 서 있다는 공통점을 지녔다. 전통적인 재단과 형태와 뜨개 기법—세밀한 페어아일 무늬와 섬세한 레이스 숄, 편물 전체를 아우르는 꽈배기 무늬 등—에 대한 열광은 각자의 미적 취향의 차이를 가뿐히 넘어선다. 니트웨어 디자인에 관한 몽상에 빠져 서로 이런 저런 아이디어들을 주고받을 때 우리는 비슷한 원천들로부터 영감을 끌어오고 결국에는 빈티지와 최신 패션, 실용성과 감상성 사이의 균형을 찾아낸다. 그 방법이 살짝 굵은 실을 선택하는 것이든 허리선을 추가하거나 약간의 독특한 스타일을 가미하거나 구조를 조금 조정하는 것이든, 우리가 정말로 좋아하는 일은 우리에게 영감을 준 빈티지 니트웨어의 스타일을 업데이트하여 시대를 초월한 뜨개 패션을 창조해내는 것이다.

이 책은 뜨개전통에 대한 우리 두 사람의 애정과 그것을 현대적으로 만들고 싶다는 바람이 만나 일궈낸 정점의 산물이다. 우리가 창조한 각 프로젝트들은 그 뿌리가 되는 특정한 스타일이나 기법을 현대적인 용도와 미적 취향에 맞게 업데이트한 것이다. 이 책 전체가 우리의 개인적인 취향과 스타일과 핸드메이드에 대한사랑을 하나의 전체로서 구현하고 있다. 여기 담긴 프로젝트들이 독자 여러분에게 새로운 것을 시도해보고 새로운 기법을 배우고, 시대를 초월한 자신만의 작품을 만들어보도록 영감을 줄 수 있었으면 좋겠다.

1.
Rustic
Weekend

시골에서 보내는 주말

여름이 천천히 물러나는 즈음, 부드럽고 따뜻하던 산들바람은
떠남의 무게를 싣고 차갑고 날카로워진다. 가을은 남아서 떠도는
따뜻한 향기와 추억을 불러일으키고, 변해가는 풍경들을 엮어낸다.
산등성이를 따라 펼쳐진 나뭇잎들의 장막은 초록에서 황금빛으로,
진홍빛으로, 이윽고 갈색으로 변해간다.
여름 수확의 마지막 나날들로 분주한 골짜기 농장이 만들어내는
패치워크 같은 풍경을 상상해보자. 낙엽들이 우수수 떨어져 내리고
도토리들이 발밑에서 바스락 부서지는 숲길을 걸어보자. 점점
짧아지는 낮과 바싹 말라버린 낙엽, 축축한 토양은 박엽지에 싸여
여름 내내 잠들어 있던 부드러운 스웨터들이 필요하다고 속삭인다.

따뜻한 낮에서 쌀쌀한 밤으로 넘어가는 시간에는 다양한
두께로 요모조모 활용이 가능한 옷들이 필요하다. 이 장에 실린
프로젝트들은 몸을 따뜻하게 해주는 데 중점을 두면서도 동시에
기능과 형태를 완벽하게 조화시킨 뜨개의 역사를 되살린다.
가을 저녁 불가에 앉아 있을 때 어깨를 감싸줄 페로이즈 숄부터,
여름 내내 가장 즐겨 입던 데님치마에 잘 어울리는 페어아일 무늬의
무릎을 덮는 긴 양말과, 가벼운 긴팔 티 위에 걸쳐 입을 짧은 소매
스웨터 등등. 여기에 묶인 옷들과 소품들은 모두 가장 순수한
형태의 손뜨개라는 유용한 수공예에 경의를 표한다.

Brigid jacket
브리짓 재킷

풀로 뒤덮인 평원과 구불구불 흐르는 강, 울퉁불퉁한 산들로 이루어진 아일랜드의 풍경에서 영감을 받아 탄생한 아란 스웨터(Aran Sweater)˙는 그 역사가 꽤 길다. 해안가로 떠밀려온 익사한 뱃사람의 신원을 밝혀낼 수 있도록 가문별 고유의 무늬를 갖고 있었다는 것도 많은 사람들이 믿고 있는 이야기다. 실제로 특정한 집안이나 문중의 이름을 딴 '역사적인' 아란 스웨터도 판매되고 있다. 그러나 그 디자인들도 다 관광 상품으로 한사람이 만들어낸 것일 가능성이 크다. 브리짓 재킷은 전통적인 아란 카디건과 더불어 1970년대와 1980년대의 더플코트 (그 자체도 당대의 새로운 해석의 산물인)에서도 힌트를 얻었다. 길이를 짧게 줄인 이 버전은 현대적 취향의 색상을 사용하고 앞판에 커다란 꽈배기 무늬를 넣었으며 넓은 고무단으로 된 앞단에 큼직한 단추 세 개를 달아서 전원풍의 자연스러운 멋을 완성했다.

완성 사이즈
가슴둘레 약 91.5(101.5, 112, 122, 132)cm.
견본 사이즈는 101.5cm

실
굵기: 병태사(Worsted)
견본에 사용한 실: The Fibre Company의 Terra(베이비 알파카 40%, 메리노 울 40%, 실크 20%, 91m/50g) 색상기호 olive leaf 8(9, 10, 12, 13)볼

바늘
5mm
게이지가 정확히 맞지 않으면 바늘 굵기를 바꿔서 조정한다.

기타 준비물
꽈배기바늘, 콧수링, 스티치홀더, 돗바늘.
4cm 지름의 단추3개

게이지
메리야스뜨기로 16코 24단=가로세로 10cm
꽈배기 패널 20코=7.5cm

˙아란 스웨터
이란 제도(Aran Island)에서 만들어진 피셔맨스웨터 꼬임으로 이루어진 입체감 있는 무늬가 특징.

디자인: 커트니 켈리

사선 코막음

어깨선이나 목둘레선 등(또 다른 어디든)
사선 부분을 코막음할 때는 다음과 같이
코막음할 첫 코를 걸러뜨기한다.

1코 걸러뜨기하고 1코를 뜬 다음
걸러뜬 코로 막 뜬 코를 덮어씌운다.
→ 1코가 코막음된다. 걸러뜬 코는
그 코를 떴을 때보다 1단 덜 뜬 셈이므로
편물이 살짝 각이 지면서 코막음한
가장자리가 더 부드럽게 이어진다.
특히 브리짓 재킷의 경우에는 코를
줄이며 목둘레선을 만들 때 모아뜨기로
줄이는 것이 아니라 코막음으로 줄이기
때문에 선이 울퉁불퉁해질 수 있다.
이럴 때 첫 코를 걸러뜨기하면서 1코씩
코막음하면 단과 단 사이가 더 유연하게
이어지고, 칼라를 만들 때 코 줄이기도
더 쉬워진다.

뒤판

72(80, 88, 96, 104)코를 만든다. 겉뜨기 1코
안뜨기 1코로 된 1코 고무뜨기로 1단(안면)을 뜬다.

다음 단: (겉면) ※겉뜨기 4코, 안뜨기 4코.
※표한 부분 반복

편물의 길이가 시작단부터 5cm가 될 때까지 설정된
패턴대로 4코 고무뜨기를 계속 뜨되 안면단까지
뜨고 멈춘다. 이제 메리야스뜨기로 바꾸어 편물이
시작단부터 23.5(28.5, 27.5, 34.5, 32.5)cm가 될
때까지 뜨되, 안면 단까지 뜨고 멈춘다.

진동 만들기

단 시작 부분에서 4(4, 4, 6, 6)코씩 코막음하면서
2단을 뜬다. → 64(72, 80, 84, 92)코가 남는다.

줄임단: (겉면) 겉1, 오른코 모아뜨기* 3코 남을
때까지 겉뜨기, 2코 모아 겉뜨기, 겉1. → 2코가
준다.

(안면) 안뜨기로 1단을 뜬다.

위의 줄임단과 같이 겉면 단을 뜰 때 편물의 양쪽
가장자리에서 1코씩 줄이기를 2번 더 한 다.
그런 다음, [3단을 그냥 뜨고 4단째에 줄임단
뜨기]를 1(2, 2, 2, 3)번 더 반복한다. → 56(62, 70,
74, 80)코가 남는다.

진동이 15(16.5, 18, 18, 19)cm가 될 때까지
그대로 뜨되, 안면 단까지 뜬 다음 멈춘다.

어깨선과 목둘레선 만들기

겉면을 마주보고 오른쪽 어깨의 17(20, 22, 24,
26)코를 겉뜨기하고, 뒤판 목둘레선이 될 다음
22(22, 26, 26, 28)코를 스티치홀더에 옮겨 쉼코로
두고, 나머지 17(20, 22, 24, 26)코는 나중에
왼쪽 어깨를 뜨도록 바늘에 끼운 채 둔다.

오른쪽 어깨와 목둘레선

1단: (안면) 1코 걸러뜨기, 끝까지 안뜨기.

2단: 겉14(17, 19, 21, 23), 2코 모아 겉뜨기, 겉1. →
16(19, 21, 23, 25)코가 남는다.

3, 5단: 1코 걸러뜨기, 끝까지 안뜨기.

4단: 6(6, 6, 7, 9)코 코막음, 3코 남을 때까지 겉뜨기,
2코 모아 겉뜨기, 겉1. → 9(12, 14, 15, 15)코가
남는다.

6단: 4(6, 6, 7, 7)코 코막음, 3코 남을 때까지 겉뜨기,
2코 모아 겉뜨기, 겉1. → 4(5, 7, 7, 7)코가 남는다.

7단: 1코 걸러뜨기, 끝까지 안뜨기.

모든 코를 코막음한다.

왼쪽 어깨와 목둘레선

왼쪽 어깨의 코를 뜨도록 진동 가장자리에 실을
연결한다.

1단: (안면) 안17(20, 22, 24, 26)

2, 4, 6단: 1코 걸러뜨기, 끝까지 겉뜨기

3단: 안14(17, 19, 21, 23), 안뜨기에서 오른코
줄이기*, 안1. → 16(19, 21, 23, 25)코가 남는다.

5단: 6(6, 6, 7, 9)코 코막음, 3코 남을 때까지 안뜨기,
안뜨기에서 오른코 줄이기, 안1. → 9(12, 14, 15,
15)코가 남는다.

7단: 4(6, 6, 7, 7)코 코막음, 3코 남을 때까지 안뜨기,
안뜨기에서 오른코 줄이기, 안1. → 4(5, 7, 7, 7)코가
남는다.

8단: 1코 걸러뜨기, 끝까지 겉뜨기.

모든 코를 코막음한다.

오른쪽 앞판

40(44, 48, 52, 56)코를 만든다.

1단: (안면) ※안1, 겉1. ※표한 부분 반복

2단: (겉면) ※겉4, 안4. 0(4, 0, 4, 0)코가 남을 때까지 ※표한 부분 반복, 0(4, 0, 4, 0)코 겉뜨기

3단: 안0(4, 0, 4, 0), ※겉4, 안4. ※표한 부분 반복

편물의 길이가 시작단부터 5cm가 될 때까지 2단과 3단을 반복하되, 안면 단까지 뜨고 멈춘다.

설정단: (겉면) 겉4(4, 4, 4, 8), 20코에 걸쳐 꽈배기차트의 1단 뜨기, 겉16(20, 24, 28, 28)

꽈배기차트의 1~16단이 2(3, 3, 4, 4)번 반복될 때까지 설정된 패턴대로 20코는 꽈배기차트를 뜨고 나머지 코는 메리야스뜨기를 계속한다. 이어서 꽈배기차트의 1~11단(1~7단, 1~5단, 1~5단, 1단만)을 1번 더 뜬다. → 편물의 길이가 시작단부터 약 23.5(28.5, 27.5, 34.5, 32.5)cm가 된다.

꽈배기 차트

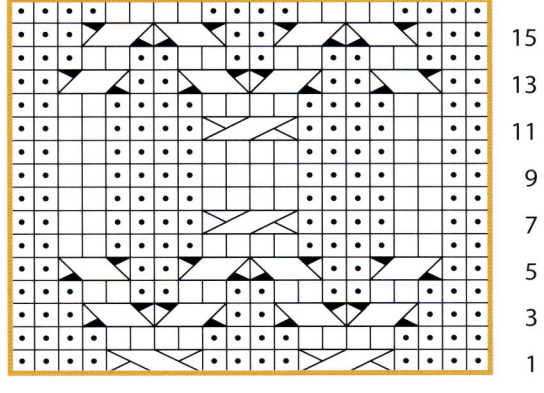

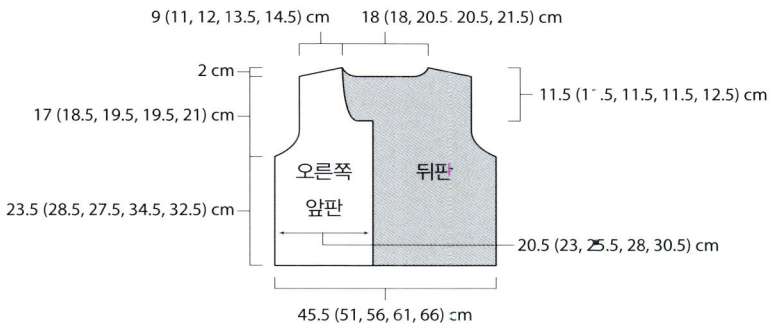

9 (11, 12, 13.5, 14.5) cm
18 (18, 20.5, 20.5, 21.5) cm
2 cm
17 (18.5, 19.5, 19.5, 21) cm
11.5 (1˙.5, 11.5, 11.5, 12.5) cm
23.5 (28.5, 27.5, 34.5, 32.5) cm
오른쪽 앞판
뒤판
20.5 (23, 25.5, 28, 30.5) cm
45.5 (51, 56, 61, 66) cm

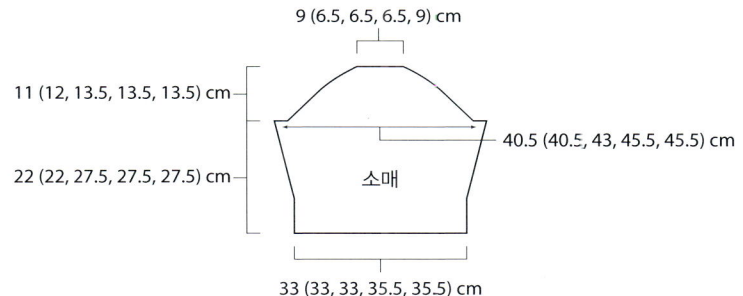

9 (6.5, 6.5, 6.5, 9) cm
11 (12, 13.5, 13.5, 13.5) cm
40.5 (40.5, 43, 45.5, 45.5) cm
22 (22, 27.5, 27.5, 27.5) cm
소매
33 (33, 33, 35.5, 35.5) cm

	겉면에서 겉뜨기, 안면에서 안뜨기
•	겉면에서 안뜨기, 안면에서 겉뜨기
	반복 단위

꽈배기바늘에 1코 걸어 편물 뒤로 잡은 채 2코 겉뜨기, 꽈배기바늘에 걸린 1코 안뜨기

꽈배기바늘에 2코 걸어 편물 앞으로 잡은 채 1코 안뜨기, 꽈배기바늘에 걸린 2코 겉뜨기

꽈배기바늘에 2코 걸어 편물 뒤로 잡은 채 2코 겉뜨기, 꽈배기바늘에 걸린 2코 겉뜨기

꽈배기바늘에 2코 걸어 편물 앞으로 잡은 채 2코 겉뜨기, 꽈배기바늘에 걸린 2코 겉뜨기

진동 만들기

안면을 마주보고 4(4, 4, 6, 6)코를 코막음하고 끝까지 뜬다. → 36(40, 44, 46, 50)코가 남는다.

겉면 단을 1단 뜬다.

줄임단: (안면) 안1, 2코 모아 안뜨기, 설정된 패턴대로 끝까지 뜨기. → 1코가 준다.

위의 2단을 2번 더 반복한다. → 33(37, 41, 43, 47)코가 남는다.

[3단을 그냥 뜨고 4단째에 줄임단 뜨기]를 1(2, 2, 2, 3)번 더 한다. → 32(35, 39, 41, 44)코가 남는다. 꽈배기차트의 12(12, 12, 12, 10)단까지 뜰 때까지 설정된 패턴대로 계속 뜬다.

목둘레선 만들기

사이즈 132cm만

(차트 11단째) 4코를 코막음하고 끝까지 뜬다. → 40코가 남는다.

차트의 12단을 뜬다.

모든 사이즈

(앞 페이지 박스 참고) 설정된 패턴을 유지하여 뜨면서, 겉면 단을 뜰 때 목둘레선 가장자리(겉면 단 시작부분)에서 4코 코막음을 1번 하고, 2코 코막음을 2번 한다. → 24(27, 31, 33, 32)코가 남는다.

목둘레선 가장자리에서 1코를 코막음한다. → 23(26, 30, 32, 31)코가 남는다.

설정된 패턴대로 3단을 뜬다. 꽈배기차트의 6단까지 뜨게 된다.

목둘레선 가장자리 1코를 코막음하면서 다음 단을 뜬 다음, [3단을 그냥 뜨고 4단째에 1코

코막음하기]를 3번 더 반복한다. → 19(22, 26, 28, 27)코가 남는다.

어깨선 만들기

1단: (안면) 6(6, 6, 7, 9)코를 코막음하고 끝까지 뜬다. → 13(16, 20, 21, 18)코가 남는다.

2, 4단: 1코를 걸러뜨고, 끝까지 뜬다.

3단: 6(8, 8, 9, 9)코를 코막음하고 끝까지 뜬다. → 7(8, 12, 12, 9)코가 남는다.

안면을 마주보고 남은 코를 모두 코막음한다.

왼쪽 앞판

40(44, 48, 52, 56)코를 만든다.

1단: (안면) ※겉1, 안1. ※표한 부분 반복

2단: (겉면) 0(4, 0, 4, 0)코 겉뜨기 ※안4, 겉4. *표한 부분 반복.

3단: ※안4, 겉4. 0(4, 0, 4, 0)코가 남을 때까지 ※표한 부분 반복. 안0(4, 0, 4, 0).

편물의 길이가 시작단부터 5cm가 될 때까지 2단과 3단을 반복하되, 안면 단까지 뜨고 멈춘다.

설정단: (겉면) 겉16(20, 24, 28, 28), 20코에 걸쳐 꽈배기차트의 1단 뜨기, 겉4(4, 4, 4, 8)

꽈배기차트의 1~16단이 2(3, 3, 4, 3)번 반복될 때까지 설정된 패턴대로 20코는 꽈배기차트를 뜨고 나머지 코는 메리야스뜨기를 계속한다. 이어서 꽈배기차트의 1~10단(1~6단, 1~4단, 1~4단, 1~16단)을 1번 더 뜬다.

진동 만들기

겉면을 마주보고 4(4, 4, 6, 6)코를 코막음하고

끝까지 뜬다. → 36(40, 44, 46, 50)코가 남는다.

안면 단을 1단 뜬다.

줄임단: (겉면) 겉1, 오른코 모아뜨기, 설정된 패턴대로 끝까지 뜨기. → 1코가 준다.

위의 2단을 2번 더 반복한다. → 33(37, 41, 43, 47)코가 남는다.

[3단을 그냥 뜨고 4단쩌에 줄임단 뜨기]를 1(2, 2, 2, 3)번 더 반복한다. → 32(35, 39, 41, 44)코가 남는다. 코 줄임 없이 꽈배기차트의 13(13, 13, 13, 11)단까지 뜬다.

목둘레선 만들기

사이즈 132cm만

(차트의 12단째) 4코를 코막음하고 끝까지 뜬다. → 40코가 남는다.

차트의 13단을 뜬다.

모든 사이즈

(앞 페이지 박스 참고) 설정된 패턴을 유지하여 뜨면서, 안면 단을 뜰 매 목둘레선 가장자리(안면 단 시작부분)에서 4코 코막음하기를 1번, 2코 코막음하기를 2번 한다. → 24(27, 31, 33, 32)코가 남는다.

목둘레선 가장자리에서 1코를 코막음한다. → 23(26, 30, 32, 31)코가 남는다.

설정된 패턴대로 3단을 뜬다. 꽈배기차트의 7단까지 뜨게 된다.

다음 단에서 목둘레선 가장자리 1코를 코막음한 다음, [3단을 그냥 뜨고 4단째에 1코 코막음하기]를 3번 더 반복한다. → 19(22, 26, 28, 27)코가 남는다.

어깨선 만들기

1단: (겉면) 6(6, 6, 7, 9)코를 코막음하고 끝까지 뜬다. → 13(16, 20, 21, 18)코가 남는다.

2, 4단: (안면) 1코를 걸러뜨고, 끝까지 뜬다.

3단: 6(8, 9, 9, 9)코를 코막음하고 끝까지 뜬다. → 7(8, 12, 12, 9)코가 남는다.

겉면을 마주보고 남은 코를 모두 코막음한다.

소매

52(52, 52, 56, 56)코를 만든다. 편물 길이가 시작단부터 5cm가 될 때까지 2코 고무뜨기를 하되, 안면 단까지 뜨고 멈춘다. 메리야스뜨기로 바꾸어 4단을 뜬다.

늘림단: (겉면) 앞뒤로 겉뜨기해 1코 늘리기*, 2코 남을 때까지 겉뜨기, 앞뒤로 겉뜨기해 1코 늘리기, 겉1. → 2코가 는다.

코 늘림 없이 5단을 뜬다.

위의 6단을 5(5, 7, 7, 7)번 더 반복한다. → 64(64, 68, 72, 72)코. 편물은 시작단부터 약 22(22, 27.5, 27.5, 27.5)cm가 된다.

소맷마루

단 시작부분에서 4(4, 4, 6, 6)코를 코막음하며 2단을 뜬다. → 56(56, 60, 60, 60)코가 남는다.

줄임단: (겉면) 겉1, 오른코 모아뜨기, 3코 남을 때까지 겉뜨기, 2코 모아 겉뜨기, 겉1. → 2코가 준다.

(안면) 안뜨기로 1단을 뜬다.

위의 줄임단처럼 겉면 단을 뜰 때만 편물 양쪽

끝에서 1코씩 줄이기를 5(7, 7, 7, 9)번 더 반복한다. 이어서 모든 단에서 코 줄이기를 6(6, 8, 8, 4)번 하는데, 이때 안면 단에서는 [1코 안뜨기, 2코 모아 안뜨기, 3코 남을 때까지 안뜨기, 안뜨기에서 오른코 줄이기, 1코 안뜨기]를 한다. → 코 줄임이 모두 끝나면 32(28, 28, 28, 32)코가 남는다.

다음 단: (안면) 2코 코막음(12쪽 박스 참고), 3코 남을 때까지 안뜨기, 안뜨기에서 오른코 줄이기, 안1. → 3코가 준다.

다음 단: 2코 코막음, 3코 남을 때까지 겉뜨기, 2코 모아 겉뜨기, 겉1. → 3코가 준다.

위의 2단을 2번 더 반복한다. → 14(10, 10, 10, 14)코가 남는다.

모든 코를 코막음한다.

마무리

치수에 맞추어 블로킹한다. 실을 돗바늘에 끼워 어깨솔기를 꿰매고, 소맷마루를 진동에 꿰매 붙이고, 소매와 옆선 솔기를 꿰맨다.

앞단

겉면을 마주보고 오른쪽 앞판의 아랫단 끝에서 시작하여 앞판 가장자리를 따라 코가 고루 나뉘도록 하며 60(68, 68, 76, 76)코를 줍는다.

설정단: (안면) 안4, ※겉4, 안4. ※표한 부분 반복

4코 고무뜨기로 4단을 더 뜬다.

단춧구멍 만들기 1단: (겉면) 설정된 대로 28(36, 36, 44, 44)코 고무뜨기, 안1, 2코 코막음, 안1, 겉4, 안4, 겉4, 안1, 2코 코막음, 안1, 겉4, 안4, 겉4.

단춧구멍 만들기 2단: (안면) 코막음한 자리에서는 감아

코 만들기* 방법으로 2코씩 만들면서 설정된 대로 고무뜨기한다.

설정된 고무뜨기로 5단을 더 뜬다. 모든 코를 패턴에 맞추어 코막음한다.

왼쪽 앞단은 단춧구멍을 만드는 과정만 제외하고 오른쪽과 똑같이 뜬다.

칼라

겉면을 마주보고 오른쪽 앞판의 앞단 가장자리에서 시작하여 목둘레선 가장자리를 따라 어깨솔기까지 31(31, 33, 33, 36)코를 줍고, 쉼코로 두었던 뒤판 목둘레선의 22(22, 26, 26, 28)코를 겉뜨기하고, 왼쪽 앞판의 목둘레선과 앞섶을 따라 31(31, 33, 33, 36)코를 줍는다. → 총 84(84, 92, 92, 100)코.

다음 단: (안면) 안4, ※겉4, 안4. ※표한 부분 반복

설정된 고무뜨기로 2단을 더 뜬다.

단춧구멍 만들기 1단: (겉면) 겉4, 안1, 2코 코막음, 안1, 설정된 패턴대로 고무뜨기.

단춧구멍 만들기 2단: (안면) 코막음한 자리에서 감아 코만들기로 2코를 만들며 설정된 대로 고무뜨기한다.

설정된 고무뜨기로 3단을 더 뜬다. 모든 코를 패턴에 맞추어 코막음한다.

남은 실꼬리를 편물에 엮어 정리한다.

Madeleine shawl

마들렌 숄

가장자리를 피코로 장식한 이 예쁜 숄은 여행할 때나 여유로운 주말에 뜨기 좋다. 가터뜨기*를 기본으로 한 바이어스 스티치 패턴으로 뜨며, 가장자리의 피코도 몸판과 동시에 떠나간다. 구조는 초보자도 쉽게 뜰 만큼 단순하면서도 숙련자도 흠뻑 빠져들 정도로 흥미롭다. 바이어스 패턴으로 뜨면 페로이즈 숄(49쪽 마르가레테 레이스 숄 참고)처럼 어깨를 편안히 감싸며 늘어지는 양 날개가 만들어진다. 견본 숄은 고급스런 소재를 사용한 데다가 굵기도 비교적 굵은 병태사로 떴기 때문에, 집에서 자은 실로 뜬 숄처럼 따뜻하고 실용적이면서도 섬세한 캐시미어 숄처럼 부드럽다. 각자의 필요와 취향에 따라 얼마든지 변형할 수 있고 실도 많아야 275m 정도면 충분히 뜰 수 있기 때문에 급히 선물해야 할 일이 있을 때나, 남은 실 한두 볼을 활용하기에 적합하다.

완성 사이즈
너비 약 137cm, 길이 약 61cm

실
굵기: 병태사(Worsted)
견본에 사용한 실: The Fibre Company의 Road to China (베이비 알파카 65%, 실크 15%, 캐멀 10%, 캐시미어 10%, 63m/50g)
색상기호 jade 4볼

바늘
6mm
게이지가 정확히 맞지 않으면 바늘 굵기를 바꿔서 조정한다.

기타 준비물
돗바늘

게이지
바이어스 스티치로 약 11코 18단
=가로 세로 10cm

* **가터뜨기**
단면으로 뜰 때는 모든 단을 겉뜨기로 뜨고, 원통으로 뜰 떠는 겉뜨기 1단, 안뜨기 1단을 반복하ㆍ면 가터뜨기가 된다.

디자인: 커트니 켈러

스티치 가이드

피코 만들기
꽈배기 식 코 만들기* 방법으로
3코를 만든다. 첫째 코를 뒤쪽 고리를
통해 뜨면서 3코를 코막음한다.

술

2코를 만든다.

설정단 1: 앞뒤로 겉뜨기해 1코 늘리기*, 겉1. → 3코

설정단 2: [앞뒤로 겉뜨기해 1코 늘리기] 2번, 겉1. →
5코

설정된 패턴에 따라 다음과 같이 계속 코를 늘린다.

1단: 1코 걸러뜨기, ※오른코 모아뜨기, 바늘비우기.
2코 남을 때까지
※표한 부분 반복, 겉2.

2단: 피코 만들기(스티치 가이드 참고), 앞뒤로

겉뜨기해 1코 늘리기,
끝까지 겉뜨기. → 1코가 는다.

3단: 1코 걸러뜨기, ※오른코 모아뜨기, 바늘비우기.
3코 남을 때까지
※표한 부분 반복, 겉3.

4단: 앞뒤로 겉뜨기해 1코 늘리기, 끝까지 겉뜨기. →
1코가 는다.

위의 1~4단을 29번 더 반복한다. → 65코, 피코
30개.
편물 길이는 시작단부터 68.5cm가 된다.

바이어스 스티치 패턴 디자인하기

직물에서 세로결은 직물을 수직으로 지나는
날실의 방향이고, 가로결은 수평으로
가로지르는 씨실의 방향이다.
바이어스는 수직선과 수평선에 대해
45도 각도를 이루거나, 직물을 대각선으로
가로지른다. 바이어스로 재단한 옷은
세로결이나 가로결로 재단한 것에 비해
신축성도 더 좋고 늘어지는 선의 맵시도
더 우아하다. 뜨개질할 때도 바이어스 구조를
이용하면 부드러운 선의 매력을 한층 더
끌어올릴 수 있다.
편물의 한쪽 끝에서 코를 늘리는 동시에 반대쪽
끝에서는 코를 줄이는 방법을 쓰면 코들이
왼쪽이나 오른쪽으로 기울어지는 직사각형
편물을 만들 수 있다.
늘림코들은 한쪽 가장자리에서 편물을 늘려가고
줄임코들은 반대쪽 가장자리에서 편물을
줄여간다. 이렇게 하면 아름답게 늘어지는
편물이 만들어지는데 이는 특히

술이나 랩을 만들 때 효과적이다.

바이어스의 방향은 늘림코와 줄임코의
배치에 달려 있다. 겉면 단의 시작 부분에서
코를 늘리고 끝 부분에서
코를 줄이면 편물은 왼쪽으로 기울어진다.
또 겉면 단의 시작 부분에서 코를 줄이고
끝 부분에서 코를 늘리면 편물은
오른쪽으로 기울어진다.

이 술은 처음 절반을 뜰 때까지는
오른코 모아뜨기로 코를 줄이고 이어서
바늘비우기로 코를 늘리는 것을
단순히 반복한다.

1단: (겉면) 1코 겉뜨기 ※오른코 모아뜨기,
바늘비우기. 2코 남을 때까지 ※표한 부분 반복,
2코 겉뜨기

2단: (안면) 겉뜨기

위의 1~2단을 반복하는 동안 바늘비우기로

늘린 코들과 오른코 모아뜨기로 줄인 코들이
수직으로 정렬되며 중심 기둥을 세운다.
코 줄임을 먼저 하고 이어서 코 늘림을 하므로
편물은 왼쪽으로 기울어진다.

술의 나머지 반쪽에서는 바늘비우기로
먼저 코를 늘린 다음 오른코 모아뜨기로
코를 줄인다.

1단: (겉면) 겉2, ※ 바늘비우기, 오른코
모아뜨기. 1코 남을 때까지 ※표한 부분 반복,
겉1.

2단: (안면) 겉뜨기

코 늘림을 먼저 하고 코 줄임을 하므로
위의 두 단을 반복하는 동안 편물은 오른쪽으로
기울어진다.

방향이 바뀌면서 만들어지는 'V'자 형태가
목덜미를 완벽하게 감싸준다.

패턴에 따라 다음과 같이 계속 코를 줄인다.

1단: 1코 걸러뜨기, 겉1, ※바늘비우기, 오른코 모아뜨기. 3코 남을 때까지 ※표한 부분 반복, 겉3.

2단: 피코 만들기, 오른코 모아뜨기, 끝까지 겉뜨기. → 1코가 준다.

3단: 1코 걸러뜨기, 겉1, ※바늘비우기, 오른코 모아뜨기. 2코 남을 때까지 ※표한 부분 반복, 겉2.

4단: 오른코 모아뜨기 끝까지 겉뜨기. → 1코가 준다.

위의 1~4단을 29번 더 반복한다. → 5코가 남는다.

다음 단: 1코 걸러뜨기 겉1, 바늘비우기, 오른코 모아뜨기, 겉1.

다음 단: 오른코 모아드기,겉3. → 4코가 남는다.

다음 단: 오른코 모아드기, 2코 모아 겉뜨기. → 2코가 남는다.

남은 2코를 코막음한다.

마무리

남은 실꼬리를 편물에 엮어 정리한다.
치수에 맞추어 스팀 블로킹을 한다.

Blackberry beret

블랙베리 베레모

이 베레모에서는 전통적인 아란 무늬 두 가지를 원통으로
뜰 수 있도록 수정하여 사용한다. 옛날부터 아란 디자인에서
솔기 부분이나 큰 무늬들 사이 빈 곳을 메우는 데 써온 블랙베리
스티치(트리니티 스티치라고도 한다)는 일반적으로 겉면 단에서 코들을
늘린 다음 안면 단에서 다시 줄임으로써 무늬를 만든다. 그러나
이 베레모에서는 방울무늬를 뜰 때처럼 코 늘림과 줄임을 같은
단에서 동시에 진행한다. 거기에다 2단 멍석뜨기로 틈을 메운
꽈배기 무늬는 원이 시작되는 고무단까지 유연하게 연결되면서
무늬의 요소들이 자연스러운 흐름을 타도록 해준다. 꽈배기들은
테두리에서 가장 넓게 가로지르다 점점 그 폭 좁아지면서 서로
엇갈리는 부분에서는 다이아몬드 모양을 만든다.

완성 사이즈

블로킹한 후, 테두리 둘레 약 47.5cm,
가장 넓은 부분 둘레 71cm, 높이 20.5cm

실

굵기: 병태사(Worsted)
견본에 사용한 실: The Fibre Company의
Canopy Worsted(베이비 알파카 50%, 메리노 30%,
뱀부 20%, 91m/50g) 색상기호 laguna, 2볼

바늘

고무단: 3.75mm 40cm 줄바늘
캡 부분: 4.5mm 40cm 줄바늘과 양끝이 뾰족한
막대바늘 4개
게이지가 정확히 맞지 않으면 바늘 굵기를
바꿔서 조정한다.

기타 준비물

콧수링, 꽈배기바늘 2개, 돗바늘

게이지

4.5mm 바늘을 가지고 원통뜨기로 무늬를 떴을 때
18코 28단=가로 세로 10cm

디자인: 커트니 켈리

주의

▬▬ 콧수링은 다이아몬드 꽈배기 옆에서 단이 시작되는 위치에 따라 이동시키는데, 항상 첫 번째 다이아몬드 꽈배기 모티프의 겉뜨기 2코를 하기 전에 위치한다.

▬▬ 꽈배기가 계속 자리를 옮겨가기 때문에 첫 12단 동안은 단의 시작 위치가 매 짝수 단이 끝나는 지점에서 오른쪽으로 1코씩 이동한다. 그 후 13단 동안은 단 시작 위치가 매 홀수 단이 시작되는 부분에서 왼쪽으로 1코씩 이동하고, 정수리 부분의 코를 줄이는 동안에는 다시 오른쪽으로 이동한다.

▬▬ 2단~12단 중 짝수 단에서는 단의 끝 부분에서 1코가 남을 때까지만 무늬를 뜬다. 그 다음 단에서 첫째 꽈배기는 다음과 같이 뜬다. 전단의 마지막 코를 꽈배기바늘에 걸어 편물 뒤로 잡고, 콧수링을 오른쪽 바늘로 옮긴 다음 2코를 겉뜨기하고, 꽈배기바늘에 걸린 1코를 안뜨기 한다. 15~25단 중 홀수 단에서는 첫째 꽈배기를 다음과 같이 뜬다. 단 시작 부분의 콧수링을 빼고, 2코를 꽈배기바늘에 걸어 편물 앞으로 잡고, 1코를 안뜨기하고, 콧수링을 다시 끼우고, 꽈배기바늘에 걸린 2코를 겉뜨기한다.

▬▬ 차트의 무늬를 뜰 때는 차트의 오른쪽 가장자리가 아니라 주황 색으로 표시된 콧수링 선이 단의 시작 위치임을 유의한다.

모자

3.75mm 줄바늘로 84코를 만든다. 콧수링을 끼우고 코들이 꼬이지 않게 조심하며 원통뜨기를 할 수 있도록 양끝을 연결한다.

다음 단: ※[겉뜨기 2코, 안뜨기 1코] 2번, [겉1, 안1] 3번. ※표한 부분 반복.

편물의 길이가 시작단부터 4.5cm가 될 때까지 설정된 패턴대로 고무뜨기한다. 4.5mm 바늘로 바꾼다.

늘림단: ※겉2, 안1, 겉2, 안1, [1코 만들기(82쪽 참고), 겉1, 1코 만들기, 안1] 3번. ※표한 부분 반복. → 126코

모자 차트(주의 참고)의 1~28단을 뜬다. → 편물이 시작단부터 14.5cm가 된다.

정수리 모양 만들기

정수리 차트의 1~16단을 뜬다. 뜨는 동안 콧수가 줄어서 줄바늘로 뜨기 어려워지면 막대바늘로 바꾼다. → 14코가 남는다.

마무리

25cm의 실꼬리를 남기고 실을 자른다. 돗바늘에 실꼬리를 꿰어 남은 코들을 모두 통과시킨 다음 잡아당겨 구멍을 여미고 안면에서 실을 고정한다.

남은 실꼬리를 편물에 엮어 정리하고 가볍게 블로킹한다.

단 시작 위치 옮기기

일부 무늬뜨기들(특히 꽈배기무늬)은 원통으로 뜰 때 꽈배기의 엇갈리는 부분들을 자연스럽게 이어주기 위해 단마다 단의 시작부분을 옮겨주어야 하는 경우가 있다. 다시 말해서 꽈배기들은 단의 시작 위치가 어디든 단 전체에서 엇갈리며 무늬를 만들어야 하는 것이다. 나는 시작도 끝도 없이 무한히 꼬여가는 켈트 식 매듭이 커다랗게 원형으로 들어가는 꽈배기 모자를 구상했다. 만드는 방법 설명을 보고 편물을 그대로 완성하려면 단의 시작 위치가 표시되어 있어야 하는데, 단의 시작 위치와 콧수링은 편물을 떠나가는 과정에서 계속 옮겨 다니게 된다.

이 모자에서는 멍석뜨기 부분을 감싸고 물결 모양을 이루는 꽈배기와 블랙베리 스티치 두 가지 무늬가 조화를 이루고 있다.

꽈배기는 가장 좁은 부분에서는 5코만으로 이루어지는데 이때는 '2×3 오른코 위 꽈배기 뜨기(가운데코 안뜨기)'로 뜬다. 다음 단에서는 5코이던 꽈배기가 두 갈래로 나뉘면서 가운데 1코는 벌어진 틈이 되고, 2코는 '2×1 왼코 위 꽈배기 뜨기(아래 코 안뜨기)'로 이어지고 나머지 2코는 '2×1 오른코 위 꽈배기 뜨기(아래 코 안뜨기)'로 이어진다. 단의 시작부분은 그 5코의 시작 위치와 일치하기 때문에 그와 함께 오른쪽으로 옮겨간다. 콧수링을 항상 '2×1 왼코 위 꽈배기 뜨기(아래 코 안뜨기)' 앞에 걸어 계속 바뀌는 시작 위치를 표시한다. 그러다가 꽈배기가 가장 넓은 부분을 지나 다시 좁아지기 시작하면(즉 '2×1 왼코 위 꽈배기 뜨기'가 '2×1 오른코 위 꽈배기 뜨기'로 바뀌면), 콧수링도 그 코들과 함께 왼쪽으로 옮겨간다.

모자 차트

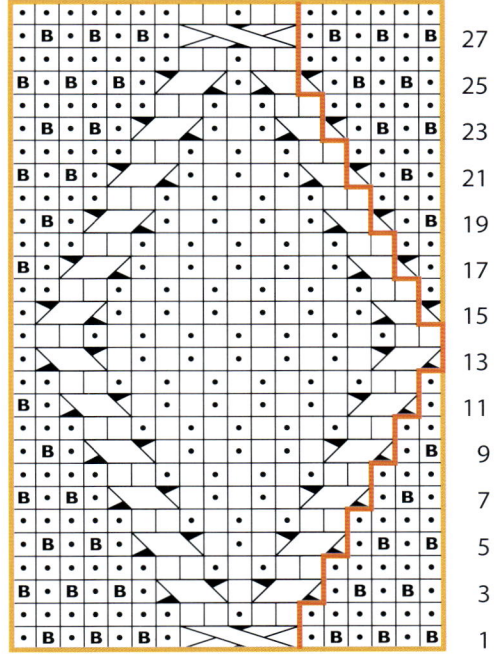

27
25
23
21
19
17
15
13
11
9
7
5
3
1

정수리 차트

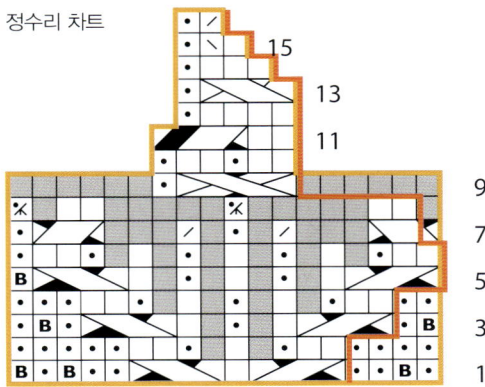

15
13
11
9
7
5
3
1

	겉뜨기
•	안뜨기
/	2코 모아 겉뜨기
\	오른코 모아뜨기
✕	3코 모아 안뜨기
B	1코에서 (겉1, 안1, 겉1), 편물 돌리기, 3코 모아 안뜨기, 편물 돌리기, 코를 오른쪽 바늘에 옮기기
▨	코 없음
▢	반복 단위
▮	콧수링 위치

2×1 왼코 위 꽈배기 뜨기(아래코 안뜨기): 꽈배기바늘에 1코를 걸어 편물 뒤로 잡고 2코 겉뜨기, 꽈배기바늘의 1코 안뜨기

2×1 오른코 위 꽈배기 뜨기(아래코 안뜨기): 꽈배기바늘에 2코를 걸어 편물 앞으로 잡고 1코 안뜨기, 꽈배기바늘의 2코 겉뜨기

꽈배기바늘에 2코를 걸어 편물 앞으로 잡고 2코 모아 겉뜨기, 꽈배기바늘의 2코 겉뜨기

꽈배기바늘에 2코를 걸어 편물 뒤로 잡고 2코 겉뜨기, 꽈배기바늘의 2코 모아서 안뜨기

꽈배기바늘에 2코를 걸어 편물 앞으로 잡고 2코 모아 안뜨기, 꽈배기바늘의 2코 겉뜨기

꽈배기바늘에 1코를 걸어 편물 뒤로 잡고 2코 겉뜨기, 꽈배기바늘의 1코를 왼쪽 바늘에 옮기고, 2코 모아 안뜨기

2×3 오른코 위 꽈배기 뜨기(가운데코 안뜨기): 첫 번째 꽈배기바늘에 2코를 걸어 편물 앞으로 잡고, 두 번째 꽈버기바늘에 1코를 걸어 편물 뒤로 잡고 2코 겉뜨기, 두 번째 꽈배기바늘의 1코 안뜨기, 첫 번째 꽈배기바늘의 2코 겉뜨기

Maple Bay cardigan
메이플 베이 카디건

공식적으로 '카우천Cowchan'이라는 명칭은 캐나다 서해안 지역의
코스트 샐리시 족 사람들이 만든 스웨터들에만 붙일 수 있지만,
이 메이플 베이 스웨터도 그 험난한 지역의 전통적인 카우천 스웨터에서
영감을 얻어 만들었다. 카우천은 코스트 샐리시 족의 할코메일럼
어에서 '태양이 따뜻하게 비추는 땅'이라는 의미의 Khowutzhun 또는
Quw'utsun'(철자는 다양하다)에서 유래한 단어다. 코스트 샐리시 사람들이
만드는 전통적인 스웨터는 염색하지 않은 천연 색상의 굵은 양모사를
사용해 인타르시아 기법의 컬러 블로킹으로 과감한 기하학적 무늬와
자연에서 가져온 형상들을 표현한다. 이 스웨터는 큼직한 오버코트
스타일의 전통 카우천 스웨터에 비해 몸에 더 잘 맞도록 변형하였고,
피부에 가까이 닿아도 부드럽고 따뜻하도록 천연섬유들을 혼합한 실을
사용하여 더 다양한 색상의 무늬를 넣어보았다.

완성 사이즈
가슴둘레 약 91.5(98, 109, 119.5)cm
견본 사이즈는 91.5cm

실
굵기: 병태사(Worsted)
견본에 사용한 실: The Fibre Company의 Organik
(메리노 울 70%, 베이비 알파카 15%, 실크 15%,
90m/50g), 색상기호 rver delta(황갈색, 바탕색)
9(11, 12, 14)볼, loam(짙은 갈색, 배색1) 3볼,
highlands(청록색, 배색2) 2볼,
arctic tundra(흰색, 배색3) 2(2, 2, 3)볼.

바늘
몸판: 4.5mm
소맷부리와 칼라: 4mm 막대바늘과 80cm 줄바늘
게이지가 정확히 맞지 않으면 바늘 굵기를 바꿔서
조정한다.

기타 준비물
콧수링, 스티치홀더나 다른 실,
5cm 지름의 막대모양 단추 4개, 돗바늘

게이지
4.5mm 바늘로 메리야스뜨기를 할 때
18코 27단=가로 세로 10cm

디자인: 커트니 켈리

뒤판

배색1 실과 4mm 막대바늘로 78(86, 94, 106)코를
만든다. 다음과 같이 2코 고무뜨기를 한다.

1단: (겉면) ※겉뜨기 2코, 안뜨기 2코. 2코
남을 때까지 ※표한 부분 반복. 겉2.

2단: ※안2, 겉2. 2코 남을 때까지
※표한 부분 반복. 안2.

위의 두 단을 9번 더 반복한다. →
편물의 길이가 시작단부터 6.5cm 정도가 된다.

4.5mm 바늘과 바탕색 실로 바꾼다. 겉면 단부터
시작해서 메리야스뜨기(겉면에서 겉뜨기, 안면에서
안뜨기)로 4(4, 4, 6)단을 뜨는데, 첫째 단을 뜰 때는
3(1, 3, 0)코를 늘린다. → 81(87, 97, 106)코가 된다.

설정단: (겉면) 바탕색 실로 겉1(2, 1, 3), ※ 작은 잎
차트의 1단대로 15코 뜨기, 바탕색 실로 겉1(2, 1,
2), ※표한 부분 4(4, 5, 5)번 더 반복, 바탕색 실로
겉0(0, 0, 1).

설정된 패턴대로 차트의 16단까지 뜬다.
바탕색 실로 2단을 뜬다. 각 사이즈에 따라 표시된
시작 지점과 끝 지점에 맞추어 삼각형 차트의
1~6단을 뜬다. 배색3 실로 2단을 뜬다.

다음 단: (겉면) 배색3 실로 겉1(2, 7, 9), 비버 차트의
1단 왼쪽에서 오른쪽으로 뜨기, 배색 3 실로
겉1(3, 3, 5), 큰 잎 차트의 1단 뜨기, 배색3 실로
겉1(3, 3, 5), 비버 차트 1단 오른쪽에서 왼쪽으로
뜨기, 배색3 실로 겉1(2, 7, 10).

설정된 패턴대로 차트의 27단까지 계속 뜬다.

배색3 실로 2단을 뜬다. 안면 단부터 시작하여
사이즈에 따라 표시된 시작 지점과 끝 지점에
맞추어 삼각형 차트의 1~6단을 1번 더 뜨는데,
이번에는 위에서 아래로 읽어가며 뒤집힌 삼각형을
만든다. 바탕색 실로 바꾸어 편물의 길이가
시작단부터 38(40.5, 43, 45.5)cm가 될 때까지
또는 겨드랑이 위치까지 원하는 길이가 될 때까지

인타르시아Intarsia

인타르시아는 두 가지 이상의 색깔로 무늬
모티프를 뜨는 한 방법이다. 스트랜디드 기법과
달리 인타르시아 기법에서는 뜨지 않는 실을
편물 뒤쪽에서 가로로 끌고 갈 때 생기는
'플로트float'가 없다. 태피스트리를 짤 때와
비슷하게 인타르시아는 매 단에서 각 색깔들이
차지하는 블록 또는 섹션을 뜨며 작업한다.
뜨지 않는 색깔의 실은 옆으로 끌고 가지 않고
다음 단에서 다시 뜨게 될 때까지 편물 뒤쪽에
늘어뜨려 둔다. 색깔 블록마다 각자 작은
실패에 실을 감아 작업하는 것이 편하다고
생각하는 사람들도 있지만, 나는 각 블록마다
실을 2~5미터 정도 길이로 잘라서 쓰는 것이
더 편하다. 실들이 서로 꼬일 경우 실패보다는
한 가닥으로 된 긴 실이 더 쉽게 풀리기
때문이다. 물론 나중에 엮어 넣어 정리할
실꼬리들이 더 많아진다는 단점도 있다.
어느 방법으로 하든 색깔이 바뀌는
부분에서는 뜰 실과 뜨지 않을 실을 반드시
서로 꼬아주어야 한다.

두 실을 꼬아줄 때는 이제 뜰 실을 막 뜬 실의
아래쪽에서 위로 끌어올린다

(그림 1). 이렇게 하면 뜨지 않을 실이 편물
안면에 고정되고 겉면에서 구멍이 생기는
것도 막아준다. 인타르시아 기법으로 뜰 때는
장력을 일정하고 유연하게 유지해야 색깔이
바뀌는 부분에서 편물이 울지 않는다.

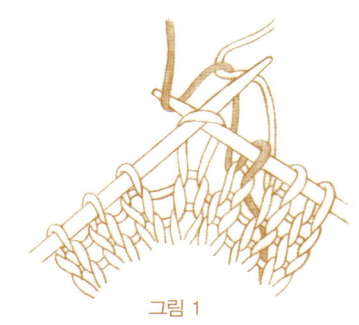

그림 1

메리야스뜨기로 계속 뜨되, 안면 단까지
뜨고 멈춘다.

래글런 모양 만들기

시작부분에서 4코씩 코막음하며 2단을 뜬다. →
73(79, 89, 98)코가 남는다.

줄임단: (겉면) 안1, 겉1, 안1, 오른코 모아뜨기, 5코
남을 때까지 겉뜨기, 2코 모아 겉뜨기, 안1, 겉1, 안1.
→ 2코가 준다.

다음 단: 코 모양대로 1단을 뜬다.

위의 2단을 19(21, 23, 27)번 더 반복한다. → 33(35,
41, 42)코가 남는다. 스티치홀더에 코를 옮긴다.

왼쪽 앞판

배색1 실과 4mm 막대바늘로 35(39, 43, 47)코를
만든다. 다음과 같이 2코 고무뜨기를 한다.

1단: (겉면) ※겉2, 안2. 3코 남을 때까지
※표한 부분 반복. 겉3

2단: 안3, ※겉2, 안2. 끝까지 ※표한 부분 반복.

위의 1~2단을 9번 더 반복한다. → 편물의
길이가 시작단부터 약 6.5cm가 된다. 4.5mm
바늘과 바탕색 실로 바꾸어 겉면 단부터 시작하여
메리야스뜨기로 4(4, 4, 6)단을 뜬다.

설정단: (겉면) 바탕색 실로 겉2(3, 5, 7),
※작은 잎 차트의 1단 대로 15코 뜨기, 바탕색 실로
겉1(3, 3, 3), ※표한 부분 1번 더 반복, 바탕색 실로
겉1(0, 2, 4).

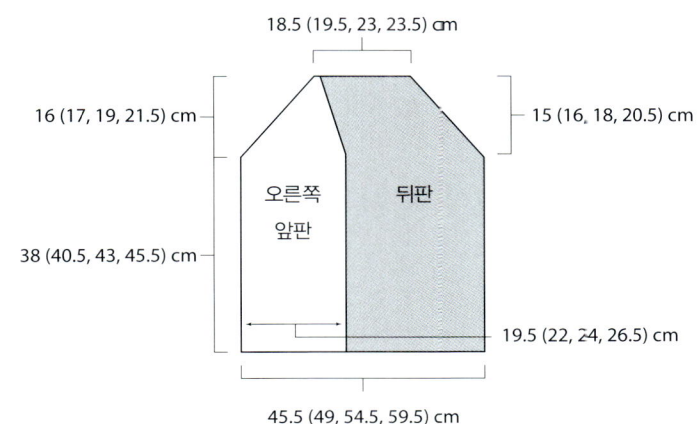

18.5 (19.5, 23, 23.5) cm

16 (17, 19, 21.5) cm

15 (16, 18, 20.5) cm

오른쪽
앞판

뒤판

38 (40.5, 43, 45.5) cm

19.5 (22, 24, 26.5) cm

45.5 (49, 54.5, 59.5) cm

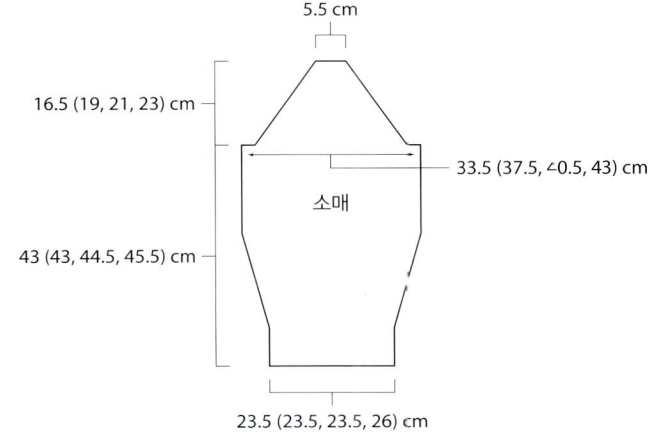

5.5 cm

16.5 (19, 21, 23) cm

33.5 (37.5, 40.5, 43) cm

소매

43 (43, 44.5, 45.5) cm

23.5 (23.5, 23.5, 26) cm

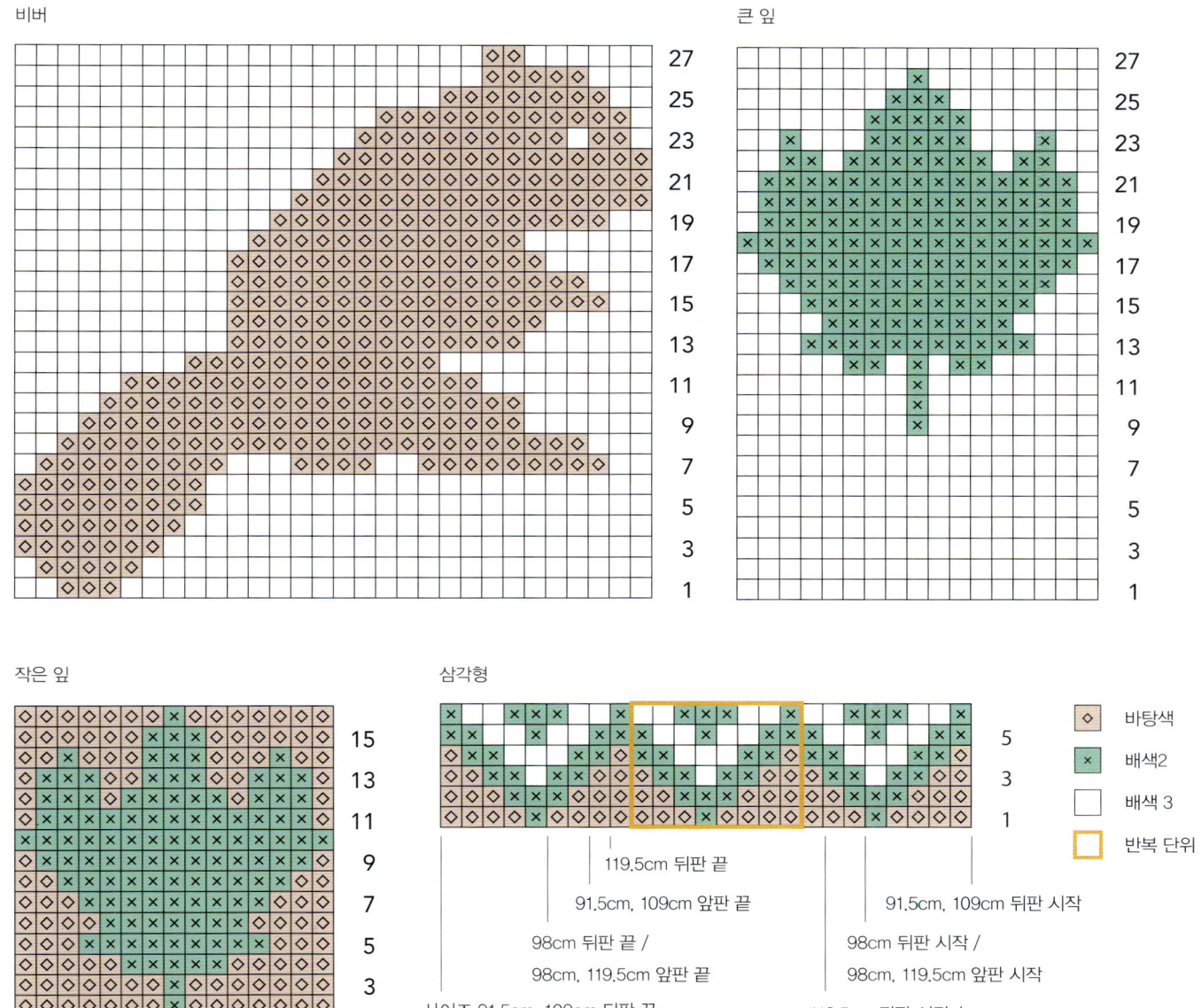

비버

큰 잎

작은 잎

삼각형

| 바탕색 |
| 배색2 |
| 배색 3 |
| 반복 단위 |

119.5cm 뒤판 끝

91.5cm, 109cm 앞판 끝

98cm 뒤판 끝 /
98cm, 119.5cm 앞판 끝

사이즈 91.5cm, 109cm 뒤판 끝

91.5cm, 109cm 뒤판 시작

98cm 뒤판 시작 /
98cm, 119.5cm 앞판 시작

119.5cm 뒤판 시작 /
91.5cm, 109cm 앞판 시작

설정된 패턴대로 차트의 16단까지 뜨고, 바탕색 실로 2단을 뜬다. 사이즈에 따라 표시된 시작 지점과 끝 지점에 맞추어 삼각형 차트의 1~6단을 뜬다. 배색3 실로 2단을 뜬다.

다음 단: (겉면) 배색3 실로 겉2(4, 6, 8), 비버 차트를 왼쪽에서 오른쪽으로 읽으며 1단대로 30코 뜨기, 배색3 실로 겉3(5, 7, 9).

설정된 패턴대로 차트의 27단까지 뜨고, 배색3 실로 2단을 뜬다. 안면 단부터 시작하여 사이즈에 따라 표시된 시작 지점과 끝 지점에 맞추어 삼각형 차트의 1~6단을 위에서 아래로 뒤집어 뜬다. 바탕색 실로 바꾸어 편물이 뒤판의 겨드랑이 부분까지와 같은 길이가 될 때까지 뜨되, 안면 단까지 뜨고 멈춘다.

래글런 모양 만들기

주의: 래글런 코줄임을 하는 동안 목둘레선 만들기가 시작되므로 먼저 다음 내용을 끝까지 읽어본 다음 계속 진행하는 것이 좋다.

겉면을 마주본 채로 4코를 코막음하고 끝까지 겉뜨기한다. → 31(35, 39, 43)코가 남는다.

래글런 코줄임단: (안면) 5코 남을 때까지 안뜨기, 안뜨기에서 오른코 줄이기*, 겉1, 안1, 겉1 → 1코가 준다.

다음 단: 코 모양대로 1단을 뜬다.

위의 2단을 19(21, 23, 27)번 더 반복하되, 첫 번째(두 번째, 두 번째, 두 번째) 래글런 코줄임단을 뜰 때부터 동시에 다음과 같이 목둘레선을 만든다.

목둘레선 줄임단: (안면) 안1, 2코 모아 안뜨기, 끝까지 뜨기. → 목둘레선에서 1코가 준다. 설정된 패턴대로 래글런 줄임을 계속하는 동시에, [5단을 그냥 뜨고

6단째에 앞의 방법으로 목둘레선 가장자리에서 1코 줄이기]를 5(5, 7, 7)번 더 한다. → 래글런과 목둘레선 만들기가 다 끝나면 5(7, 7, 7)코가 남는다.

사이즈에 따라 다음과 같이 계속한다.

사이즈 91.5cm

다음 단: (안면) 안1, 3코 모아 안뜨기, 안1. → 3코가 남는다.

겉뜨기로 1단을 뜬 다음 코들을 스티치홀더에 옮긴다.

사이즈 98(109, 119.5)cm

다음 단: (안면) 안1, 3코 모아 안뜨기, 겉1, 안1, 겉1. → 5코가 남는다.

다음 단: 코 모양대로 뜬다.

다음 단: 안1, 3코 모아 안뜨기, 안1. → 3코가 남는다.

겉뜨기로 1단을 뜬 다음 코들을 스티치홀더에 옮긴다.

오른쪽 앞판

배색1 실과 4mm 막대바늘을 가지고 35(39, 43, 47)코를 만든다. 다음과 같이 2코 고무뜨기를 한다.

1단: (겉면) 겉3, ※안2, 겉2. ※표한 부분 반복.

2단: ※안2, 겉2. 끝까지 3코 남을 때까지 ※표한 부분 반복, 안3.

위의 1~2단을 9번 더 반복한다. → 편물의 길이가 시작단부터 6.5cm가 된다. 4.5mm 바늘과 바탕색 실로 바꾸어 겉면 단부터 시작하여 메리야스뜨기로 4(4, 4, 6)단을 뜬다.

설정단: (겉면) 바탕색 실로 겉2(3, 5, 7), ※작은 잎 차트의 1단 대로 15코 뜨기, 바탕색 실로 겉3(3, 3, 3). ※표한 부분 1번 더 반복, 바탕색 실로 겉1(0, 2, 4).

설정된 패턴대로 차트의 16단까지 뜨고, 바탕색 실로 2단을 뜬다. 사이즈에 따라 표시된 시작 지점과 끝 지점에 맞추어 삼각형 차트의 1~6단을 뜬다. 배색3 실로 2단을 뜬다.

설정 단: (겉면) 배색3 실로 겉3(5, 7, 9), 비버 차트를 오른쪽에서 왼쪽으로 읽으며 1단대로 30코 뜨기, 배색3 실로 겉2(4, 6, 8).

설정된 패턴대로 차트의 27단까지 뜬다. 배색3 실로 2단을 뜬다. 안면 단부터 시작하여 사이즈에 따라 표시된 시작 지점과 끝 지점에 맞추어 삼각형 차트의 1~6단을 위에서 아래로 뒤집어 뜬다. 바탕색 실로 바꾸어 편물이 뒤판의 겨드랑이 부분까지와 같은 길이가 될 때까지 뜨되, 겉면 단까지 뜨고 멈춘다.

래글런 모양 만들기

주의: 래글런 코줄임을 하는 동안 목둘레선 만들기가 시작되므로 먼저 다음 내용을 끝까지 읽어본 다음 계속 진행하는 것이 좋다.

안면을 마주본 채로 4코를 코막음하고 끝까지 안뜨기한다. → 31(35, 39, 43)코가 남는다.

래글런 코줄임단: (겉면) 5코 남을 때까지 겉뜨기, 2코 모아 겉뜨기, 안1, 겉1, 안1 → 1코가 준다.

다음 단: 코 모양대로 뜬다.

위의 2단을 19(21, 23, 27)번 더 반복하되, 첫 번째(두 번째, 두 번째, 두 번째) 래글런 코줄임단을 뜰 때부터 동시에 다음과 같이 목둘레선을 만든다.

목둘레선 줄임단: (겉면) 겉1, 오른코 모아뜨기, 끝까지 뜨기. → 목둘레선에서 1코가 준다. 설정된 패턴대로 래글런 줄임을 계속하는 동시에, [5단을 그냥 뜨고 6단째에 앞의 방법으로 목둘레선 가장자리에서 1코 줄이기]를 5(5, 7, 7)번 더 한다. → 래글런과 목둘레선 만들기가 다 끝나면 5(7, 7, 7)코가 남는다.

사이즈에 따라 다음과 같이 계속한다.

사이즈 91.5cm

다음 단: (겉면) 겉1, 3코 모아 겉뜨기, 겉1. → 3코가 남는다.

안뜨기로 1단을 뜬 다음 코들을 스티치홀더에 옮긴다.

사이즈 98(109, 119.5)cm

다음 단: (겉면) 겉1, 3코 모아 겉뜨기, 안1, 겉1, 안1. → 5코가 남는다.

다음 단: 코 모양대로 뜬다.

다음 단: 겉1, 3코 모아 겉뜨기, 겉1. → 3코가 남는다.

안뜨기로 1단을 뜬 다음 코들을 스티치홀더에 옮긴다.

소매

배색1 실과 4mm 막대바늘로 42(42, 42, 46)코를 만들어 다음과 같이 2코 고무뜨기를 한다.

1단: (겉면) 겉2, ※안2, 겉2. ※표한 부분 반복.

2단: 안2, ※겉2, 안2. ※표한 부분 반복.

위의 1~2단을 8번 더 반복한다. → 총 18단.
바탕색 실과 4.5mm 바늘로 바꾸어 겉뜨기 단부터 시작하여 메리야스뜨기로 6단을 뜬다.

늘림단: (겉면) 앞뒤로 겉뜨기해 1코 늘리기*, 2코 남을 때까지 겉뜨기, 앞뒤로 겉뜨기해 1코 늘리기, 겉1. → 2코가 는다.

코늘림 없이 메리야스뜨기로 5단을 뜬다.

위의 6단을 8(11, 14, 14)번 더 반복한다. → 60(66, 72, 76)코.

편물 길이가 시작단부터 43(43, 44.5, 45.5)cm가 될 때까지 또는 겨드랑이까지 원하는 길이가 될 때까지 메리야스뜨기를 계속하되, 안면 단까지 뜨고 멈춘다.

래글런 모양 만들기

시작부분에서 4코씩 코막음하면서 2단을 뜬다. → 52(58, 64, 68)코가 남는다.

줄임단: (겉면) 안1, 겉1, 안1, 오른코 모아뜨기, 5코 남을 때까지 겉뜨기, 2코 모아 겉뜨기, 안1, 겉1, 안1. → 2코가 준다.

다음 단: 코 모양대로 뜬다.

위의 2단을 20(23, 26, 28)번 더 반복한다. → 10코가 남는다. 코들을 스티치홀더에 옮긴다.

마무리

치수에 맞게 블로킹한다. 돗바늘에 실을 끼워 소매의 윗부분을 앞판과 뒤판에 매트리스 스티치*로 꿰매 붙인다. 이때 줄임코들을 가지런히 맞추고 래글런 선이 편안하게 연결되도록 한다. 소매와 옆선의 솔기도 꿰맨다.

칼라와 단추단

배색1 실과 4mm 줄바늘을 가지고 겉면을 마주본 채, 오른쪽 앞판 앞단을 따라 목줄임이 시작되기 전까지 70(74, 79, 84)코를 줍고, 콧수링을 끼우고, 목둘레선을 따라 30(31, 35, 40)코를 줍고, 쉼코로 두었던 오른쪽 앞판의 3코를 겉뜨기하고, 쉼코로 두었던 오른쪽 소매의 10코를 겉뜨기하고, 쉼코로 두었던 뒤판의 33(35, 41, 42)코를 겉뜨기하되 동시에 1(1, 1, 2)코를 줄인다. 쉼코로 둔 왼쪽 소매의 10코를 겉뜨기하고, 쉼코로 둔 왼쪽 앞판의 3코를 겉뜨기하고, 왼쪽 앞판 목둘레선을 따라 30(31, 35, 40)코를 줍고, 콧수링을 끼우고, 왼쪽 앞판 앞단을 따라 70(74, 79, 84)코를 줍는다. → 총 258(270, 294, 314)코. 다음과 같이 뜨면서 콧수링이 나오면 콧수링을 옮긴다.

1단: (안면) ※안2, 겉2, 2코 남을 때까지 ※표한 부분 반복, 안2.

2, 3단: 설정된 패턴대로 고무뜨기를 한다.

다음과 같이 사선되돌아뜨기(70페이지 참고)를 하여 칼라를 만든다.

사선되돌아뜨기 1: (겉면) 두 번째 콧수링 앞에 4코가 남을 때까지 설정된 패턴대로 고무뜨기, 다음 코 에워싸기, 편물 돌리기.

사선되돌아뜨기 2: (안면) 다음 콧수링 앞에 4코가

남을 때까지 고무뜨기, 다음 코 에워싸기, 편물 돌리기.

사선되돌아뜨기 3: 전에 에워싼 코 앞에 6코가 남을 때까지 고무뜨기, 다음 코 에워싸기, 편물 돌리기.

사선되돌아뜨기 3을 7번 더 반복한다. → 양쪽에 5코씩 에워싼다.

다음 2단은 에워싼 실을 에워싸인 코와 함께 떠 감추면서 단의 끝까지 뜬다.

설정된 고무뜨기 패턴대로 4단을 더 뜬다.

다음 단: (겉면, 단춧구멍 단) 겉2, 안2, ※2코 코막음, 패턴대로 18코 뜨기. ※표한 부분을 3번 더 반복하고, 설정된 패턴대로 끝까지 고무뜨기한다.

다음 단: (안면, 단춧구멍 완성단) 패턴대로 고무뜨기를 하되, 전 단에서 코막음한 자리에서는 감아 코 만들기* 방법으로 2코씩 만든다.

고무뜨기로 6단을 더 뜬다.

4.5mm 바늘로 모든 코를 패턴대로 느슨하게 코막음한다.

단춧구멍 반대편에 단추를 단다. 남은 실꼬리를 편물에 엮어 정리한다.

Whitby stockings

휘트비 스타킹

잉글랜드 요크셔 주 북부 해안에 위치한 어촌 이름을 딴
이 스타킹을 보면 세기전환기에 낚시꾼들에 게 미끼로 바다우렁이를
팔던 '우렁이잡이' 또는 '우렁이 아가씨'들을 그린 그림이 생각난다.
그 젊은 여인들은 집에서 자은 염색도 하지 않은 털실로
직접 스타킹을 떠 신었다. 게다가 그들의 스타킹에는
북쪽 바다의 섬들에서 많이 뜨던 페어아일 스웨터에서 영감을 얻은
줄무늬와 작은 팽이 무늬가 들어가 있었다. 천연염색한 실과 유사한
꾸밈없고 차분한 색깔의 실로 아주 길게 뜬 이 스타킹은 치마나
반바지에 함께 신을 수 있도록 디자인했다. 해변에서 쌀쌀하고
습한 날을 보낼 때 딱 알맞다.

완성 사이즈

발 둘레 약 20.5cm,
발뒤꿈치 끝에서 발가락 끝까지 발길이 약 25.5cm.
발 사이즈 255~265에 잘 맞는다.

실

굵기: 중세사(Fingering)
견본에 사용한 실: The Fibre Company의
Canopy Fingering(베이베 알파카 50%,
메리노 울 30%, 뱀부 20%, 183m/50g)
색상기호: laguna(녹색, 바탕색) 2볼,
wild ginger(황갈색, 배색1)와 acai(산호색, 배색2)
각 1볼식.

바늘

다리와 발: 2.75mm 양끝이 뾰족한 막대바늘 4~5개
고무단: 2.25mm 양끝이 뾰족한 막대바늘 4~5개
게이지가 정확히 맞지 않으면
바늘 굵기를 바꿔서 조정한다.

기타 준비물

콧수링, 돗바늘

게이지

2.75mm 바늘로 원통뜨기로
메리야스뜨기를 할 때
34코 4단=가로 세로 10cm

디자인 커트니 켈리

줄무늬 양끝이 어긋나지 않게 연결하는 법

원통뜨기로 줄무늬를 뜰 때 골칫거리 하나는 색 띠가 한 단에서 다음 단으로 바뀔 때 층이 어긋나게 된다는 점이다. 새로 바꾼 색으로 두 번째 단을 뜰 때 첫 코를 그 바로 아랫단 코와 함께 뜨면 색깔이 바뀌는 부분을 좀 더 매끄럽게 연결할 수 있다.

1단계. 새로운 색깔 실로 겉뜨기로 1단을 뜬다.

2단계. 다음 단을 시작할 때 단의 첫 코 바로 아랫단 코(먼저 뜬 색깔)의 오른쪽 기둥으로 오른쪽 바늘 끝을 밀어 넣어(그림 1) 그 코를 끌어올려 왼쪽 바늘 끝에 걸어준다(그림 2).

3단계. 이렇게 끌어올린 코를 단의 첫 코와 함께 뜨면 이전 단의 색깔을 새 단의 높이까지 올릴 수 있다.

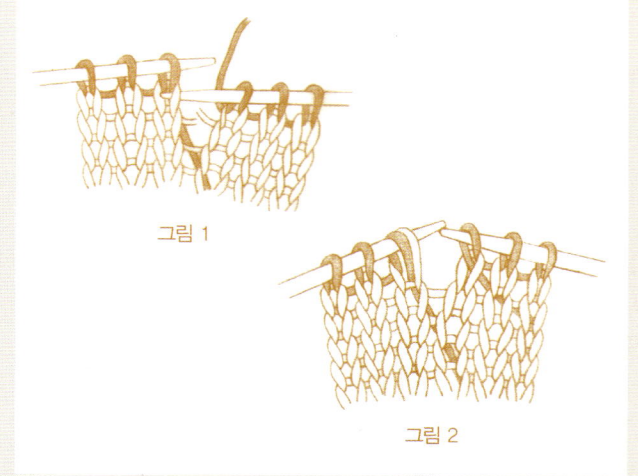

그림 1

그림 2

참고

고무단과 안뜨기 1코만 제외하고 전체를 메리야스뜨기로 뜬다.
단의 시작부분을 표시하는 안뜨기 1코는 다리 뒤쪽 중심에 위치한다.

다리

바탕색과 2.25mm 바늘로 96코를 만든다.
콧수링을 끼우고 코들이 꼬이지 않도록 조심하면서
원통뜨기로 뜰 수 있도록 양끝을 연결한다. 편물이
시작단부터 6.5cm가 될 때까지 안뜨기 1코, 겉뜨기
1코를 반복하며 고무단을 뜬다. 2.75mm 바늘로
바꾼다.

늘림단: 콧수링 옮기기, 안1, 콧수링 끼우기, 1코
만들기(78페이지 참고), 끝까지 겉뜨기. → 97코.

단의 첫 코는 항상 안뜨기하고 나머지 96코는
겉뜨기를 하면서 12단을 뜬다.

안뜨기 코는 바탕색깔로 뜨면서 다음과 같이 계속
뜬다.

두 콧수링 사이에서 차트 A의 1~11단을 뜬다.
바탕색으로 바꾸어 겉뜨기로 3단을 뜬다.

줄임단: 안1, 겉1, 오른코 모아뜨기, 콧수링 앞 3코
남을 때까지 겉뜨기, 2코 모아 겉뜨기, 겉1. → 2코가
준다.

겉뜨기로 4단을 뜨고, 줄임단을 1단 뜬다. → 93코가
남는다.

겉뜨기로 3단을 뜬다. → 편물이 시작단부터
15cm가 된다.

두 콧수링 사이에서 차트 B의 1~11단을 뜬다.
바탕색 실로 바꾸어 겉뜨기로 3단을 뜨고, 줄임단을
1단 뜬다. → 91코가 남는다. 겉뜨기로 2단을 뜨고
줄임단을 1단 뜬다. → 89코가 남는다. 겉뜨기로
2단을 뜨고 줄임단을 1단 뜬다. → 87코가 남는다.
겉뜨기로 2단을 뜬다. → 편물의 길이가 시작단부터
21.5cm가 된다.

두 콧수링 사이에서 차트 C의 1~11단을 뜬다.

바탕색 실로 바꾸어 겉뜨기로 3단을 뜨고 줄임단을
뜬다. → 85코가 남는다. 겉뜨기로 2단을 뜨고
줄임단을 뜬다. → 83코가 남는다. 겉뜨기로 2단을
뜨고 줄임단을 뜬다. → ε1코가 남는다. 겉뜨기로
2단을 뜬다. → 편물의 길이가 시작단부터 27.5cm가
된다.

두 콧수링 사이에서 차트 D의 1~11단을 뜬다.
바탕산 실로 바꾸어 겉뜨기로 3단을 뜨고 줄임단을
뜬다. → 79코가 남는다. 겉뜨기로 4단을 뜨고
줄임단을 뜬다. → 77코가 남는다. 겉뜨기로 3단을
뜬다. → 편물의 길이가 시작단부터 33cm가 된다.

두 콧수링 사이에서 차트 E의 1~11단을 뜬다.
바탕색 실로 바꾸어 겉뜨기로 3단을 뜨고 줄임단을
뜬다. → 75코가 남는다 겉뜨기로 4단을 뜨고
줄임단을 뜬다. → 73코가 남는다. 겉뜨기로 3단을
뜬다. → 편물의 길이가 시작단부터 38.5cm가 된다.

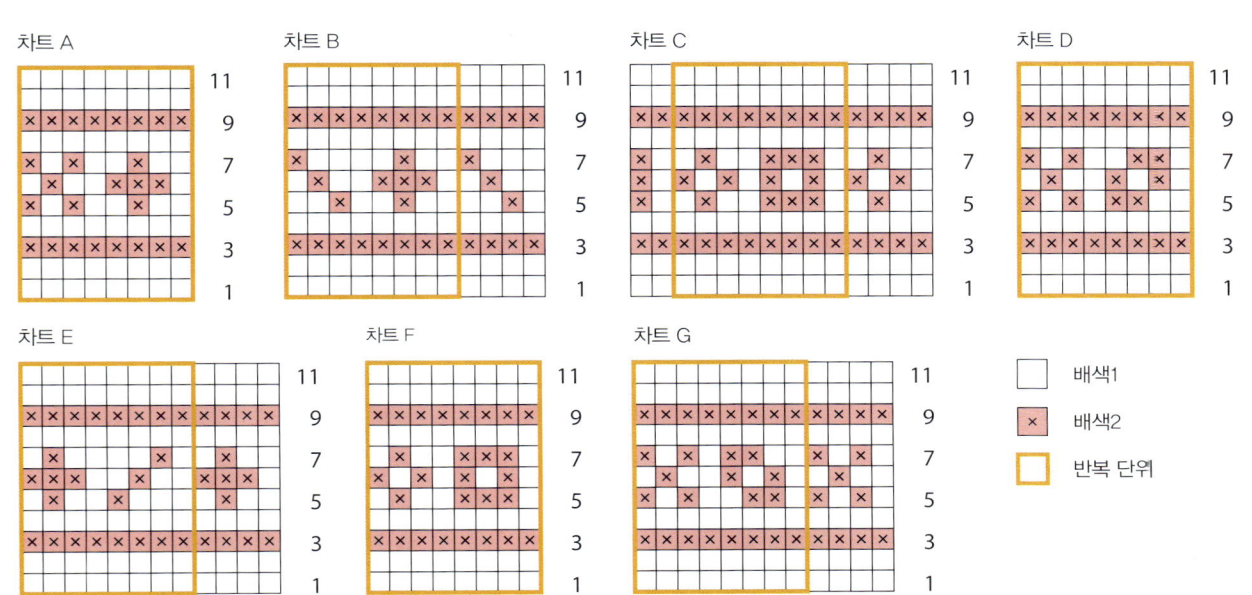

차트 A 차트 B 차트 C 차트 D 차트 E 차트 F 차트 G

배색1
× 배색2
□ 반복 단위

두 콧수링 사이에서 차트 F의 1~11단을 뜬다. 바탕색 실로 바꾸어 겉뜨기로 3단을 뜨고 줄임단을 뜬다. → 71코가 남는다. 겉뜨기로 4단을 뜨고 줄임단을 뜬다. → 69코가 남는다. 겉뜨기로 3단을 뜬다. → 편물의 길이가 시작단부터 44.5cm가 된다.

두 콧수링 사이에서 차트 G의 1~11단을 뜬다. 바탕색 실로 바꾸어 겉뜨기로 5단을 뜬다.

다음 단: 콧수링 옮기기, 겉1, 콧수링 빼기, 2코 모아 겉뜨기, 17코가 남을 때까지 겉뜨기, 배색2 실로 바꾸어 단의 끝까지 겉뜨기. → 68코가 남는다. 편물의 길이가 시작단부터 49cm가 된다.

발뒤꿈치

다음과 같이 뒤꿈치 부분의 코를 나눈다.

17코 겉뜨기하고 편물을 돌린다. 뒤꿈치에 해당하는 배색2 실로 뜬 34코를 바늘 하나에 옮긴다. 나머지 34코는 나중에 발등 부분을 뜨도록 쉼코로 둔다.

뒤꿈치 뒷부분
발뒤꿈치 34코를 단면뜨기로 다음과 같이 뜬다.

1단: (안면) 1코 걸러뜨기, 안33.

2단: (겉면) 1코 걸러뜨기, 겉33.

위의 1~2단을 15번 더 반복하고, 1단만 1번 더 뜬다. → 총 33단.

뒤꿈치 모양 만들기
다음과 같이 사선 되돌아뜨기를 한다.

1단: (겉면) 1코 걸러뜨기, 겉21, 오른코 모아뜨기, 편물 돌리기

2단: (안면) 1코 걸러뜨기, 안10, 2코 모아 안뜨기,

편물 돌리기

3단: 1코 걸러뜨기, 겉10, 오른코 모아뜨기, 편물 돌리기

2단과 3단을 9번 더 반복한 다음, 2단만 1번 더 뜬다. → 뒤꿈치에 12코가 남는다.

가세트(삼각 덧댐)
연결단: 1코 걸러뜨기, 배색2 실로 뒤꿈치 코들을 끝까지 겉뜨기, 바탕색 실로 바꾸어 뒤꿈치 뒷부분의 옆 가장자리를 따라 17코를 줍고, 콧수링을 끼우고, 쉼코로 두었던 발등의 34코를 겉뜨기하고, 콧수링을 끼우고 뒤꿈치 뒷부분의 반대쪽 옆 가장자리를 따라 17코를 줍고, 뒤꿈치의 첫 6코를 다시 한 번 겉뜨기하고, 콧수링을 끼워 단의 시작 위치를 표시한다. → 총 80코.

1단: 콧수링 앞 3코 남을 때까지 겉뜨기, 2코 모아 겉뜨기, 겉1, 발등 34코 겉뜨기, 겉1, 오른코 모아뜨기, 단 끝까지 겉뜨기. → 2코가 준다.

2단: 겉뜨기

위의 1~2단을 5번 더 반복한다. → 68코가 남는다.

발

바탕색 실로 편물의 길이가 뒤꿈치 뒷부분부터 19cm가 될 때까지, 또는 원하는 길이에서 6.5cm가 모자라는 지점까지 그대로 계속 뜬다.

발가락 부분

배색2 실로 바꾸어 다음과 같이 코를 줄인다.

1단: 콧수링 앞 3코 남을 때까지 겉뜨기, 2코 모아

겉뜨기, 겉2, 오른코 모아뜨기, 콧수링 앞 3코 남을 때까지 겉뜨기, 2코 모아 겉뜨기, 겉2, 오른코 모아뜨기, 끝까지 겉뜨기. → 4코가 준다.

2단: 겉뜨기.

1~2단을 11번 더 뜬다. → 20코가 남는다. 첫 번째 콧수링 앞까지 겉뜨기한다. 실꼬리를 25cm 남기고 실을 자른다.

마무리

콧수링과 콧수링 사이의 10코를 바늘 하나에 옮기고 나머지 10코를 다른 바늘에 옮긴다. 실꼬리를 돗바늘에 끼우고 키치너 스티치*로 남은 코들을 연결한다. 남은 실꼬리를 편물에 엮어 정리하고 가볍게 블로킹한다.

Cady twisted-stitch mittens

캐디 트위스티드 스티치 벙어리장갑

투엔드(two-end) 뜨개는 같은 색깔의 실 두 가닥을 매 코마다
번갈아 가며 뜨는 것으로, 트와인드(twined) 뜨개 또는 스웨덴어로
트보엔스티크닝(tvåändsstickning)이라고도 한다. 투엔드 뜨개는
스웨덴에서 1680년대부터 길고도 험난한 겨울을 버틸 수 있을 만큼
더 튼튼하고 따뜻한 편물을 만들기 위해 시작되었다는 것이 통설이다.
이 벙어리장갑은 두 가닥의 실로 편물 안면에서 한 가닥을 다른 가닥
위로 끌고 가며 떠나가는 전통적인 페어아일 방식에 약간의 변화를
가미해서 만들어진다. 안감과 연결되는 피코 커프부터 뜨기 시작하는
이 장갑은 겉뜨기와 안뜨기만으로 된 은근한 짜임무늬로 디자인에
장식적 요소를 더한다.

완성 사이즈

손 둘레 약 16cm, 커프부터 손끝까지 길이
약 29cm. 보통 여성의 손 사이즈에
알맞게 맞는 사이즈로 디자인했다.

실

굵기: 중세사(Fingering)
견본에 사용한 실: The Fibre Company의
Canopy Fingering (베이비 알파카 50%,
메리노울 30%, 뱀부 20%, 183m/50g)
색상기호 chiclet tree 2볼

바늘

2.5mm 양끝이 뾰족한 막대바늘 4~5개
게이지가 정확히 맞지 않으면 바늘 굵기를 바꿔서
조정한다.

기타 준비물

임시코 만들기에 쓸 부드러운 면사, 콧수링.
스티치홀더, 돗바늘, 지름 5mm의 펄 뼈 단추(단추
뒤편에 돌출된 고리가 있는 단추) 6개

게이지

원통뜨기로 손 차트의 무늬를 떴을 때
38코 34단=가로 세로 10cm

디자인: 케이트 개그넌 오스본

커프

작업용 실과 다른 실(아래 박스 참고)을 가지고
임시코*를 56코 만든다. 콧수가 가능한 한 고루
나뉘도록 하면서 3~4개의 막대바늘에 코를 나눠
건다. 콧수링을 끼우고 코들이 꼬이지 않도록
조심하며 원통뜨기를 할 수 있도록 양끝을
연결한다. 작업실(1번 실)로 겉뜨기하며 21단을
뜬다. 편물의 길이가 시작단부터 약 4.5cm가 된다.

피코단: ※2코 모아 겉뜨기, 바늘비우기. ※표한 부분
반복.

겉뜨기로 3단을 뜬다.

늘림단: ※겉14, 1코 만들기(78페이지 참고). ※표한
부분 반복. → 60코.

브레이드

1단: (아래 박스 참고) 실(1번)을 편물 앞으로
가져오고, 실을 또 한 가닥(2번 실로 지정) 연결하여
편물 앞으로 잡은 채, ※1번 실 1코 안뜨기, 2번 실을
방금 뜬 1번 실 위로 가로질러 끌어가서 1코 안뜨기,
1번 실을 방금 뜬 2번 실 위로 가로질러 끌어가기.
※표한 부분 반복.

2단: 1번 실부터 시작해서 1단과 같은 방법으로
뜨되, 실을 끌어갈 때 방금 뜬 실의 아래로
가로지른다.

안뜨기 커프 차트의 1~13단을 뜨고, 브레이드의
1~2단을 1번 더 뜬다.

단 만들기

겉면을 마주보고 피코 단을 따라 편물을 접고.
임시코를 잡고 있던 다른 실을 풀어내고 빠져나온
임시코들을 다른 바늘에 옮긴다(아래 박스 참고).
1번 실만 사용하여 ※[바늘에 걸린 첫째 코와 드러난
임시코의 첫째 코를 함께 모아 겉뜨기]를 14코 하고
1코 겉뜨기. ※표한 부분 반복.

손 부분

스트랜디드 뜨개로 두 실을 1코씩 번갈아가면서
손과 엄지손가락 차트의 1~44단을 뜬다. → 88코.
엄지손가락의 29코를 다른 실에 페어 쉼코로 둔다.

요령 몇 가지

이 장갑에는 몇 가지 특별한 기법이 쓰이는데
요령을 알면 더 쉽게 할 수 있다.

임시코 만들기

게이지가 비슷하면서도 질감이 부드러운
다른 실을 사용한다. 여기서는 작업용 실에
달라붙거나 제 실끼리 달라붙지 않는 면사가
적당하다.

단색으로 뜨는 라트비안 브레이드

라트비안 브레이드(땋은 무늬)를 뜰 때는 첫째
단에서 두 가닥의 실이 서로 꼬이고, 다음
단에서 그 꼬임이 다시 풀린다. 뜨기 전에
한 단을 다 뜰 만큼 충분한 길이로 실을 볼에서
풀어두면 그 과정을 더 쉽게 할 수 있다.

임시코들을 커프와 함께 뜨기

임시로 만든 코들을 편물 안쪽으로 접어 넣기
때문에 그 코들을 모두 다른 바늘들에 걸어
뜨면 너무 복잡하게 느껴질 수도 있다.
이를 피하려면 한 번에 5~10코씩을 다른
빈 바늘에 옮겨 작업중인 코들과 함께 뜬다.

스트랜디드 뜨개

스트랜디드 뜨개를 더 쉽게 하려면 두 실 중
다른 실 위로 걸고 끌어갈 실을 지정해두는 것이
좋다. 편물 뒤쪽에서(또는 무늬뜨기를 할 때는
편물 앞쪽에서도) 끌어간 실의 장력을 일정하게
유지해야한다. 안뜨기 커프 차트의 패턴을
뜰 때는 뜬 실을 반드시 편물 뒤로 보낸 뒤에
다음에 뜰 실을 편물 앞으로 가져와야 한다.

손과 엄지손가락 차트

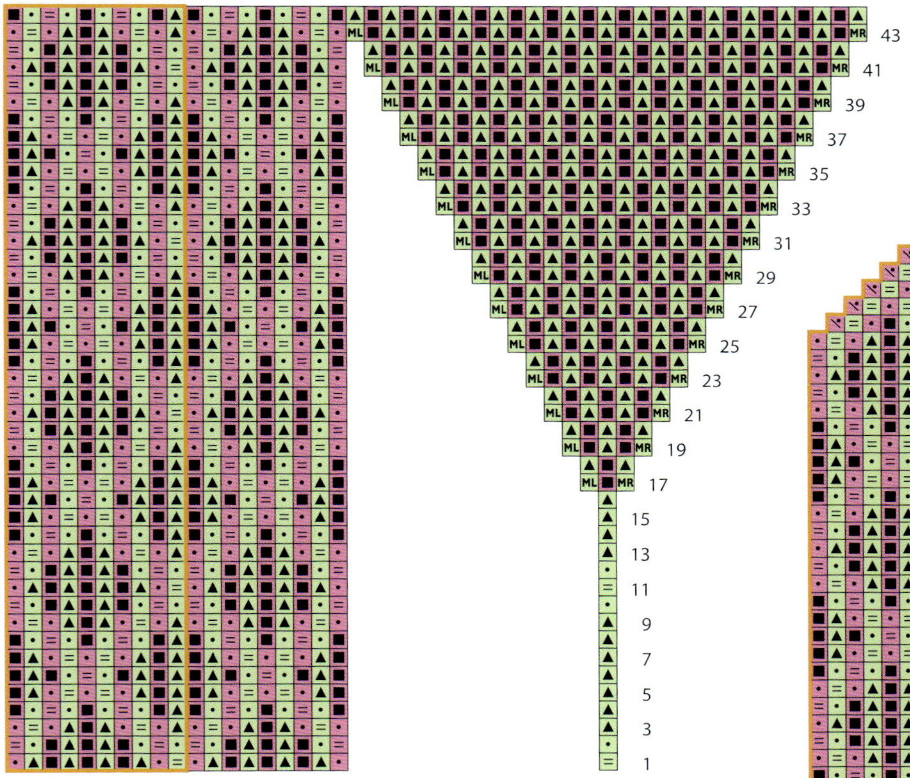

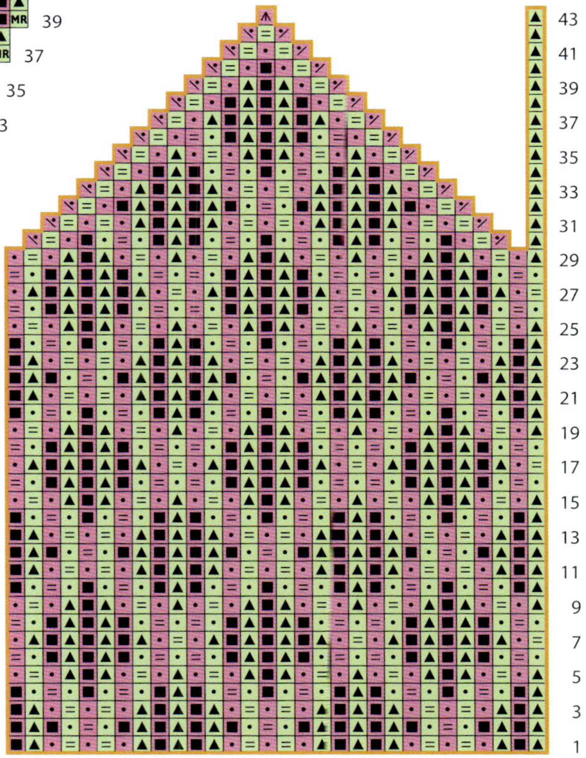

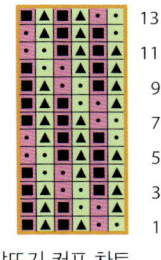

손 차트

안뜨기 커프 차트

	1번 실로 겉뜨기
	2번 실로 겉뜨기
	1번 실로 안뜨기
	2번 실로 안뜨기
	2번 실을 앞으로 두고 1번 실로 겉뜨기
	1번 실을 앞으로 두고 2번 실로 겉뜨기
	2번 실로 2코 모아 안뜨기
	2번 실로 안뜨기에서 오른코 줄이기*

2코 모아 겉뜨기하듯이 2코 걸러뜨기,
2번 실로 1코 겉뜨기, 걸러뜬 2코로
겉뜨기한 1코 덮어씌우기

MR 1번 실로 오른쪽 기울임 1코 만들기(82쪽)

ML 1번 실로 왼쪽 기울임 1코 만들기(82쪽)

반복 단위

1번 실로 감아 코 만들기* 방법으로 1코를 만든다. (이 코를 단의 시작표로 삼는다.)→ 60코. 손 차트의 1~43단을 뜬다. → 4코가 남는다. 실꼬리를 15cm 남기고 실을 자른다. 실꼬리를 돗바늘에 끼워 남은 코들을 꿰어 단단히 당겨 구멍을 막고 안면에서 실을 고정한다.

엄지손가락

쉼코로 둔 29코를 3~4개의 막대바늘에 고르게 나눈다. 실을 2겹 연결하여 엄지손가락과 손 사이의 빈 틈에서 1코를 줍는다. → 30코. 콧수링을 끼우고 원통뜨기를 하도록 양끝을 연결한다. 엄지의 길이가 3cm가 될 때까지 또는 원하는 길이보다 2cm 모자란 지점까지, 스트랜디드 뜨개로 메리야스뜨기를 한다.

줄임단 1: ※겉4, 2코 모아 겉뜨기. ※표한 부분 반복. → 25코가 남는다.

줄임단 2: ※겉3, 2코 모아 겉뜨기. ※표한 부분 반복. → 20코가 남는다.

줄임단 3: ※겉2, 2코 모아 겉뜨기. ※표한 부분 반복. → 15코가 남는다.

줄임단 4: ※겉1, 2코 모아 겉뜨기. ※표한 부분 반복. → 10코가 남는다.

줄임단 5: ※2코 모아 겉뜨기. ※표한 부분 반복. → 5코가 남는다.

실꼬리를 15cm 남기고 실을 자른다. 실꼬리를 돗바늘에 끼워 남은 코들을 꿰어 단단히 당겨 구멍을 막고 안면에서 실을 고정한다.

마무리

남은 실꼬리를 편물에 엮어 정리한다. 양쪽 커프의 원하는 위치에 단추 3개를 단다. 치수에 맞게 블로킹한다.

Margarethe lace shawl

마르가레테 레이스 숄

페로이즈 숄에는 다른 삼각 레이스 숄과 구분되는 특징이 두 가지 있다.
중심에 양옆의 두 삼각형을 나누는 샅폭이 있다는 점과, 어깨 부분을
독특하게 나비날개 모양으로 만들어 몸을 더 잘 감싼다는 점이다.
전통적인 페로이즈 숄은 집에서 키우는 양의 털을 가지고 천연색 그대로
자은 실로 뜨며, 몸판의 주된 부분을 가터뜨기로 뜬다. 우리는 이 전통을
업데이트하여, 알파카와 실크, 캐멀, 캐시미어를 혼합한 고급스럽고
부드러운 실을 사용하여 피부에 닿는 감촉이 정말 부드럽고 엄청나게
따뜻한 숄을 만들었다. 가터뜨기로 된 가장자리부터 뜨기 시작해서,
나중에는 중심의 레이스 패널 양옆으로 고전적인 레이스 무늬가
펼쳐진다. 몸판은 메리야스뜨기와 가터뜨기 테두리로 이루어지고,
어깨 부분은 목 가장자리를 따라 두 코씩 줄여 모양을 만든다.

완성 사이즈

블로킹 후, 윗단 가로 142(167.5)cm,
세로 68.5(81.5) cm. 견본 사이즈는 가로 167.5cm.

실

굵기: 흩-태사(Sportweight)

견본에 사용한 실: The Fibre Company의
Road to China Light (베이비 알파카 65%,
실크 15%, 캐멀 10%, 캐시미어 10%; 145m/50g),
색상기호 carnelian 5(7) 볼.

바늘

몸판: 3.75mm 90cm 줄바늘
가두리: 3.5mm 90cm 줄바늘
게이지가 정확히 맞지 않으면 바늘 굵기를
바꿔서 조정한다.

기타 준비물

콧수링, 돗바늘

게이지

3.75mm 바늘을 가지고 메리야스뜨기로 떠서
블로킹한 후, 22코 32단=가로 세로 10cm

디자인: 케이트 개그넌 오스본

레이스 차트 읽기

처음 뜨개 무늬차트를 접하면 무척 어렵게 느껴질지도 모른다. 그러나 차트는 뜨는 방법을 매우 간단명료하게 보여줄 뿐 아니라, 글로 된 설명과 다르게 편물이 정확히 어떤 모양으로 만들어질지를 시각적으로 보여준다는 더욱 큰 장점이 있다.

일단 차트에 사용되는 기본적인 기호들이 무엇을 나타내는지만 알면, 레이스 무늬를 쉽게 읽어낼 수 있다. 일반적으로 차트는 항상 뜨개질을 하는 방향과 같은 방향으로 읽어나간다. 즉 겉면 단에서는 오른쪽에서 왼쪽으로, 안면 단에서는 왼쪽에서 오른쪽으로 읽어나간다. 각단의 기호들은 이미 바늘에 걸려

있는 코들의 모양이 아니라, 그 단에서 수행할 뜨기의 방법들을 겉면에서 볼 때의 모습으로 표시한 것이다.

아래의 차트는 4단에 걸쳐 반복되는 단순한 무늬다. 글로 풀어쓰면 다음과 같다.

1단: (겉면) ※겉1, 바늘비우기, 2코 모아 겉뜨기. 1코 남을 때까지 ※표한 부분 반복. 겉1.

2단: (안면) 안뜨기

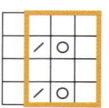

3, 4단: 1단과 2단을 반복한다.

패턴을 분석해 보면 '바늘비우기, 2코 모아 겉뜨기'는 하나의 쌍을 이루면서 수평으로 무늬를 만들어간다. 2코 모아 겉뜨기는 사실상 2코로 뜨지만 결과적으로 1코가 줄어 바늘에는 1코만 남기 때문에 기호는 상자 1칸만 차지한다. 마찬가지로 바늘비우기가 상자 1칸을 차지하는 것도 새로운 코가 1코 만들어지기 때문이다. 바늘비우기한 수와 코를 줄인 수가 일치할 경우 전체 콧수에는 변화가 없다. 만약 아래 무늬를 뜨다가 바늘비우기로 생겨난 구멍무늬가 세로로 고르게 늘어서지 않거나 한 단을 이루는 콧수가 변했다면 분명 어디선가 실수를 했다는 증거다.

중심 레이스 패널 차트

\	\	O		O		B		B		O		O	/	/	7
	\	\	O		O		B		O		O	/	/		5
		\	\	O		O			O		O	/	/		3
			\	\	O		O		O		O	/	/		1

□ 겉면에서 겉뜨기, 안면에서 안뜨기

· 겉면에서 안뜨기, 안면에서 겉뜨기

O 바늘비우기

/ 2코 모아 겉뜨기

\ 오른코 모아뜨기

∧ 2코 모아 겉뜨기하듯이 2코 걸러뜨기, 1코 겉뜨기하고 걸러뜬 2코로 겉뜨기한 1코 덮어씌우기

B 한 코에서 (겉1, 바늘비우기, 겉1), 편물 돌리기, 안3, 편물 돌리기, 2코 모아 겉뜨기하듯이 2코 걸러뜨기, 1코 겉뜨기, 걸러뜬 2코로 겉뜨기한 1코 덮어씌우기

▭ 반복 단위

▮ 콧수링 위치

참고

이 숄은 모든 겉면 단에서 단의 시작부분과 중심패널의 양옆, 그리고 단의 끝부분에서 코를 줄여 모양을 만든다(바늘비우기로 코를 늘려 콧수를 일정하게 만드는 것이 아니라 1단에 4코씩 줄기만 한다). 무늬가 반복되는 단위는 항상 17코임에 유의하자.

레이스 테두리 차트

45 43 41 39 37 35 33 31 29 27 25 23 21 19 17 15 13 11 9 7 5 3 1

숄

3.75mm 바늘로 347(411)코를 만든다. 단면으로 뜬다. 3.5mm 바늘로 바꾸어 안면 단부터 겉뜨기로 8단을 뜬다. → 가터 이랑이 4개 생긴다.

레이스테두리

설정 단: (안면) 겉5, 콧수링 걸기, 겉160(192), 콧수링 걸기, 겉17, 콧수링 걸기, 겉160(192), 콧수링 걸기, 겉5.

매단에서 콧수링이 나오면 오른쪽 바늘로 옮기면서 차트에 노란색으로 표시된 무늬 반복 단위를 8(10)번 반복하면서 레이스테두리 차트의 1~64단을 뜬다. → 287(357)코가 남는다. 편물길이가 16cm가 된다.

몸판

3.75mm 바늘로 바꾼다.

주의: 중심 레이스 패널 차트의 7단부터 시작한다.

줄임단: (겉면) 겉5, 2코 모아 겉뜨기, 다음 콧수링 앞 2코 남을 때까지 겉뜨기, 오른코 모아뜨기, 중심 레이스 패널 차트에 따라 17코 뜨기, 2코 모아 겉뜨기, 다음 콧수링 앞 2코 남을 때까지 겉뜨기, 오른코 모아뜨기, 겉5. → 4코가 준다.

다음 단: 겉5, 5코 남을 때까지 안뜨기, 겉5.

위의 2단 30(37)번 반복. → 163(199)코가 남고, 편물 길이는 시작단부터 약 42.5(49)cm가 된다.

코줄임으로 어깨선 만들기

1단: 겉5, 3코 모아 겉뜨기, 다음 콧수링 앞 2코 남을 때까지 겉뜨기, 오른코 모아뜨기, 중심 레이스 패널 차트에 따라 17코 뜨기, 2코 모아 겉뜨기, 다음 콧수링 앞 3코 남을 때까지 겉뜨기, 2코 모아 겉뜨기하듯이 2코 걸러뜨기, 겉1, 걸러뜬 2코로 겉뜨기한 1코 덮어씌우기, 겉5. → 6코가 준다.

2단: 겉5, 5코 남을 때까지 안뜨기, 겉5.

3, 5, 7단: 겉5, 2코 모아 겉뜨기, 다음 콧수링 앞 2코 남을 때까지 겉뜨기, 오른코 모아뜨기, 중심 레이스 패널 차트에 따라 17코 뜨기, 2코 모아 겉뜨기, 다음 콧수링 앞 2코 남을 때까지 겉뜨기, 오른코 모아뜨기, 겉5. → 각 단에서 4코씩 준다.

4, 6, 8단: 겉5, 5코 남을 때까지 안뜨기, 겉5.

위의 1~8단을 6(8)번 더 반복. → 37코가 남고, 편물의 길이가 시작단부터 약 64(77.5)cm가 된다.

목둘레선 만들기

1단: 겉5, 2코 모아 겉뜨기, 겉1, 오른코 모아뜨기, 패턴대로 17코 뜨기, 2코 모아 겉뜨기, 겉1, 오른코 모아뜨기, 겉5. → 33코가 남는다.

2단: 겉5, 5코 남을 때까지 안뜨기, 겉5

3단: 겉5, 콧수링 빼기, 2코 모아 겉뜨기하듯이 2코 걸러뜨기, 겉1, 걸러뜬 2코로 겉뜨기한 1코 덮어씌우기, 콧수링 빼기, 패턴대로 17코 뜨기, 콧수링 빼기, 2코 모아 겉뜨기하듯이 2코 걸러뜨기, 겉1, 걸러뜬 2코로 겉뜨기한 1코 덮어씌우기, 콧수링 빼기, 겉5. → 29코가 남는다.

4단: 겉5, 5코 남을 때까지 안뜨기, 겉5.

가터뜨기 테두리와 레이스 패널 윗부분 연결하기

다음과 같이 사선 되돌아뜨기한다.

1단: (겉면) 겉4, 오른코 모아뜨기, 편물 돌리기. → 1코가 준다.

2단: (안면) 겉5, 편물 돌리기.

위의 1~2단을 16번 더 반복한다. → 12코가 남는다.

다음 단: (겉면) 겉4, 2코 모아 겉뜨기하듯이 2코 걸러뜨기, 겉1, 걸러뜬 2코로 겉뜨기한 1코 덮어씌우기, 편물 돌리기 → 10코가 남는다.

다음 단: (안면) 겉5.

마무리

2개의 바늘에 5코씩 나누고, 겉면이 서로 마주 닿도록 두 바늘을 나란히 잡는다. 바늘 3개를 이용한 코막음* 방법으로 모든 코를 코막음한다. 남은 실꼬리를 편물에 엮어 정리한다.

따뜻한 물에 편물을 담가 울 세제로 세탁한다. 눌러서 물기를 뺀 다음 치수에 맞게 편편하게 펼치고 가장자리에 핀을 꽂아두고 완전히 마를 때까지 둔다.

2.
vintage feminine

빈티지 페미닌

겨울이 끝자락으로 다가가면 쌀쌀한 아침과 저녁 사이로 햇살이
환한 낮이 찾아온다. 튤립과 수선화는 겨울잠에서 깨어나 천천히
몸을 일으키며 한때 황량했던 풍경을 밝은 초록과 분홍과 자주로
수놓으며 봄이 도착했음을 알린다. 야외활동도 다시 시작된다.
긴 산책을 하거나 자전거를 타고 일찍 수확한 농작물을 사러 시장에
가고, 저녁이면 친구들의 집을 방문한다. 무거운 겨울 코트는 장롱
깊이 넣어두고 햇살이 지구를 따뜻하게 데워줄 땐 살짝 벗어두었다가
해가 지면 다시 걸칠 수 있는 가벼운 겉옷들을 가까이 꺼내둔다.
이 장에 모아둔 옷과 소품 들은 모두 빈티지에서 영감을 얻은
부드러운 색감과 꽃무늬, 여성스러운 요소들을 조합하여 봄이
일깨워주는 되살아나는 느낌을 표현한다. 레이스 무늬와 자수,

꽈배기와 페어아일 무늬들은 세부에 대한 주의와 빈티지한 감성을
보여준다. 그리고 이 프로젝트들이 가장 초점을 맞추고 있는 부분은
몸매를 더 예뻐 보이게 하는 기능적인 디자인 요소들이다.
대대로 물려 내려온 가보처럼—또는 중고품 가게에서 찾아낸 너무나
멋진 물건처럼—보이도록 디자인된 이 작품들은 뜨개질하는 사람의
집중력과 수고를 요한다. 맞춤 옷 같은 꼼꼼한 만듦새와 섬세한
스티치는 장인들이 오래도록 사용할 수 있는 완성도 높은 물건을
만들기 위해 정성을 기울이던 옛 시절에 경의를 표한다.
몸매 선을 곱게 드러내는 가벼운 카디건이든 세심한 장식으로
마무리된 베레모든 그 결과물들을 보면 한 땀 한 땀 기울인 정성이
조금도 아깝지 않다.

Ginger lace cardigan

진저 레이스 카디건

나는 1950년대와 60년대에 유행했던 레이스무늬가 옷 전체에 들어간
빈티지 카디건들의 느낌을 좋아한다. 그러나 막상 떠보려고 하면 뜨는
방법을 알려주는 설명이 모호하다는 느낌을 자주 받았다. 그 시절의 뜨개
패턴은 지금처럼 단마다 뜨는 방법을 설명하는 것이 아니다. 반복되는
무늬만 제시하고 진동과 목둘레와 소매 모양을 만드는 부분에서도 '패턴을
유지하라'는 설명만 나와 있다. 어느 날 문득, 숄의 패턴을 만들 때처럼
코 줄임과 늘림의 차트를 다 그려본다면 각 부분의 형태들이 레이스 무늬에
어떤 영향을 미치는지 정확히 파악할 수 있을 거라는 생각이 떠올랐다.
그러자 레이스 카디건들이 예전만큼 어렵게만 보이지는 않았다.
차트를 읽는 방법만 익숙해지면, 옷장 속 기본 아이템이 되어줄 이 예쁜
카디건도 쉽게 뜰 수 있다.

완성 사이즈

가슴둘레 약 92.5(109, 125.5)cm
견본 사이즈는 단추를 채운 상태에서 92.5cm

실

굵기: 합태사

견본에 사용한 실: The Fibre Company의
Road to China Light(베이비 알파카 65%,
실크 15%, 캐멀 10%, 카시미어 10%, 145m/50g)
색상7 호 autumn jasper(황갈색) 9(11, 12)볼

바늘

몸통과 소매: 3.5mm 80cm 줄바늘
끝단과 소맷단: 3.25mm 60cm 줄바늘
게이지가 정확히 맞지 않으면 바늘 굵기를
바꿔서 조정한다.

기타 준비물

콧수링, 스티치홀더나 다른 실, 돗바늘,
지름 1.5cm 단추 10개

게이지

3.5mm 바늘로 레이스 무늬를 떠서
가볍게 스팀 블로킹했을 때 24코 36단 =가로 세로
10cm

디자인: 커트니 켈리

스티치 가이드

멍석뜨기(2의 배수+1코)

모든 단: ※겉1, 안1. 1코 남을 때까지
※표한 부분 반복, 겉1.

레이스 무늬를 뜨며 옷 모양 만들기

나는 여러 해 동안 레이스 숄들을 떠본 뒤에야,
마침내 옷에도 레이스 무늬를 적용할 수
있겠다는 생각을 하게 되었다. 전체에 레이스
무늬가 들어간 스웨터 대부분은 드롭숄더
구조로 되어 있는데 그러면 확실히 뜨기는
쉽지만, 몸매를 살리는 실루엣은 만들기
어렵다. 또 진동선을 파느라 레이스 무늬가
깨지는 경우를 방지하기 위해 솔기선을 따라
메리야스뜨기로 세로띠를 넣는 경우도 있다.
나는 얼마 전에 2단에 한 번씩 코를 줄여
삼각형으로 만드는 레이스 숄을 디자인하다가,
같은 방법으로 래글런 스웨터의 진동을 만들 수
있겠다는 생각이 들었다.

진저 레이스 카디건을 만들 때 나는 우선
커다란 모눈종이에 패턴 차트를 만드는 것부터
시작했다. 레이스 무늬가 반복되는 부분에는
다른 색깔로 외곽선을 표시했다. 그리고 내가
낸 게이지에 맞추어 진동에서 몇 단에 걸쳐
몇 코를 줄여야 할지를 계산했다. 그런 다음
지우개를 손에 쥐고서 계단 모양으로 패턴을
'재단'해 나가기 시작했다. 각 가장자리에서
한 코를 지우고, 한 단은 그냥 두고, 한 코를
지우고, 한 단은 그냥 두는 식으로 필요한
콧수가 모두 줄 때까지 계속했다(그림 1).
늘림코를 제거하면서 그 짝이 되는 줄임코를
그냥 남겨두는(또는 그 반대의) 경우가 없도록

하기 위해, 반복 레이스 패턴 하나를 다 채우지
못하고 패턴의 일부분만 남은 경우에는
그에 속한 기호들을 모조리 지웠다. 그 결과
온전하게 반복되는 단위들만 남았고, 옷의
구조를 만드는 과정 때문에 패턴의 반복 단위가
조각날 일도 없어졌다. 그런 다음 가장자리에
부분적으로 남은 반복 모티프들의 기호들을
조심스럽게 다시 그려 넣었다. 코 늘림이 있는
경우에는 항상 그에 상응하는 코 줄임을(또는
그 반대의 경우를) 포함시켜, 부분적인 반복
모티프들이 편물의 양 옆에서 거울상처럼
나타나도록 했다. 이는 삼각 숄을 디자인할
때 중심선에서 코를 줄이는 것과 마찬가지다.
이 방법은 예컨대 소매의 모양을 만들 때처럼
새로 만든 코에 레이스 패턴을 적용할 때(그림
2)에도 사용할 수 있다. 그런 다음에는
반복되는 줄임코들을 찾아내어 차트의 어느
부분에 해당하는지를 알아냈다. 내가 옷 모양
만들기에 이런 식으로 접근한 것은 순전히
시각적인 관점에서였다. 뜨개를 할 때마다 코를
만들기 전에 종이에 이렇게 그려본다면 모든
프로젝트가 성공할 거라고 확신한다. 이런 게
바로 실험이다. 비록 종이와 연필만으로 하는
것이더라도 모든 실험은 해볼 가치가 있다.

그림1 래글런 줄임

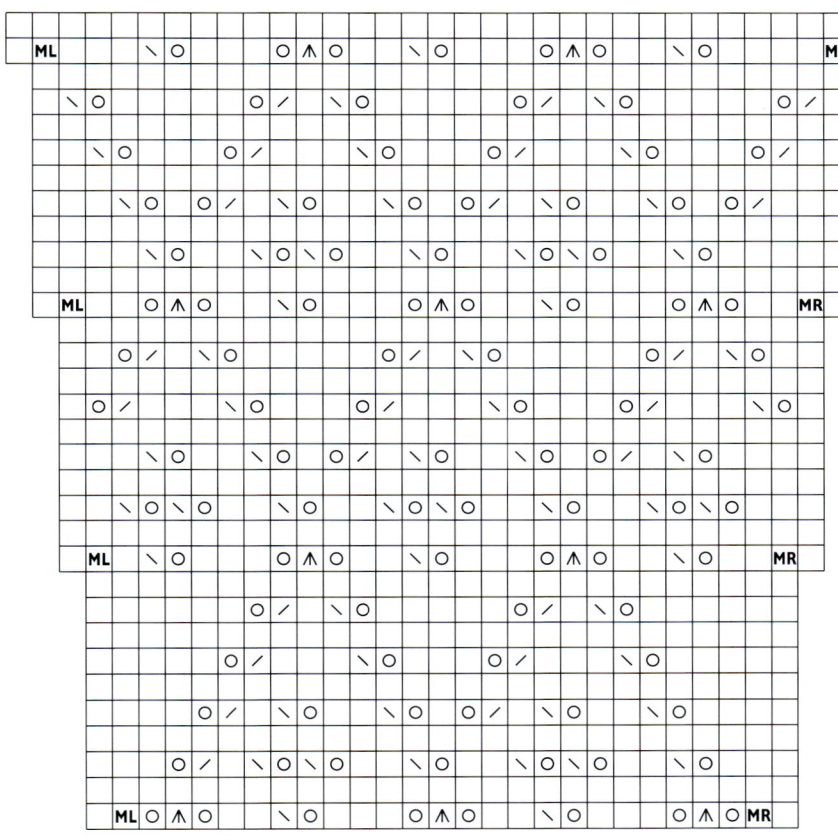

	겉면에서 겉뜨기 안면에서 안뜨기
O	바늘비우기
/	2코 모아 겉뜨기
\	오른코 모아뜨기
∧	2코 모아 겉뜨기하듯이 2코 걸러뜨기, 1코 겉뜨기, 걸러뜬 2코로 겉뜨기한 1코 덮어씌우기
MR	오른쪽 기울임 1코 만들기 (82쪽 참고)
ML	왼쪽 기울임 1코 만들기 (82쪽 참고)

그림 2 소매 늘림

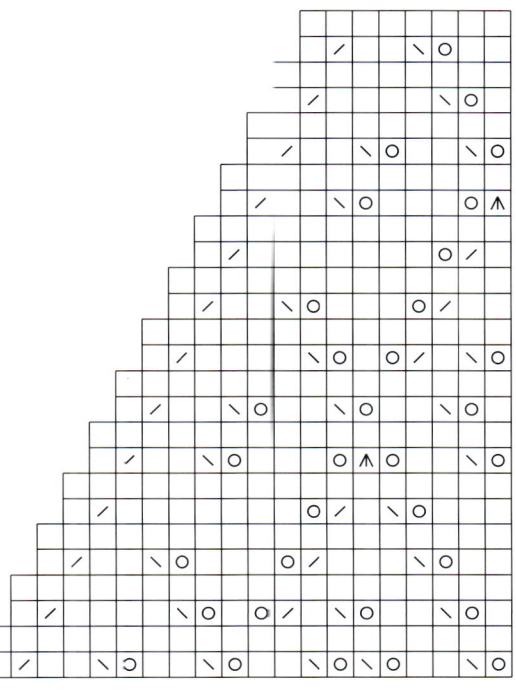

몸판

3.25mm 바늘을 가지고 223(263, 303)코를 만든다. 양끝을 연결하지 않고, 멍석뜨기(스티치 가이드 참고)로 9단을 뜬다.

단춧구멍 단: (겉면) 겉1, 안1, 2코 모아 겉뜨기, 바늘비우기, 단 끝까지 설정된 대로 멍석뜨기.

멍석뜨기로 14단을 더 뜨고 3.5mm 바늘로 바꾼다.

설정단 1: (안면) 설정된 대로 멍석뜨기 6코, 콧수링 끼우기, 6코 남을 때까지 안뜨기, 콧수링 끼우기, 설정된 대로 끝까지 멍석뜨기.

설정단 2: (겉면) 멍석뜨기 6코, 콧수링 옮기기, 6코 남을 때까지 다이아몬드 트렐리스 차트의 1단 뜨기, 콧수링 옮기기, 끝까지 멍석뜨기.

설정된 패턴대로 차트의 1~20단을 6번 뜬

다음 1~7단까지만 1번 더 뜬다(편물의 길이가 시작단부터 41.5cm가 된다). 이와 동시에 차트의 9단을 뜰 때는 첫 6코에서 다음과 같이 단춧구멍을 8(9, 9)번 만든다. [겉1, 안1, 2코 모아 겉뜨기, 바늘비우기, 겉1, 안1, 설정된 대로 끝까지 뜨기]

주의: 단춧구멍을 모두 만들기 전에 요크 만들기가 시작된다.

요크 부분 코 나누기

(안면, 차트의 8단) 6코 멍석뜨기[단추 앞단], 46(56, 66)코 안뜨기[왼쪽 앞판], 10코 코막음[왼쪽 진동], 99(119, 139)코 안뜨기[뒤판], 10코 코막음[오른쪽 진동], 46(56, 66)코 안뜨기[오른쪽 앞판], 6코 멍석뜨기[단춧구멍 앞단]. → 양쪽 앞판에 각 52(62, 72)코, 뒤판에 99(119, 139)코. 모든 코를 스티치홀더에 옮겨 쉼코로 둔다.

소매

3.25mm 바늘을 가지고 53(63, 73)코를 만든다. 양끝을 연결하지 않고 멍석뜨기로 18단을 뜬다. 3.5mm 바늘로 바꾸어 안뜨기로 1단(안면)을 뜬다.

설정단: (겉면) 겉1, 1코 남을 때까지 다이아몬드 트렐리스 차트의 1단 뜨기, 겉1.

설정된 패턴대로 7단을 더 뜨되, 매단의 첫째 코와 마지막 코는 메리야스뜨기(겉면에서 겉뜨기, 안면에서 안뜨기)로 뜬다.

늘림단: (겉면, 차트의 9단) 겉1, 오른쪽 기울임 1코 만들기(82 페이지), 1코 남을 때까지 설정된 패턴대로 뜨기, 왼쪽 기울임 1코 만들기(82 페이지), 겉1. → 2코가 는다.

[10단에 한 번씩(차트의 19단과 9단에서) 늘림단 뜨기]를 13번 더 반복하면서 새로 생긴 코들에도

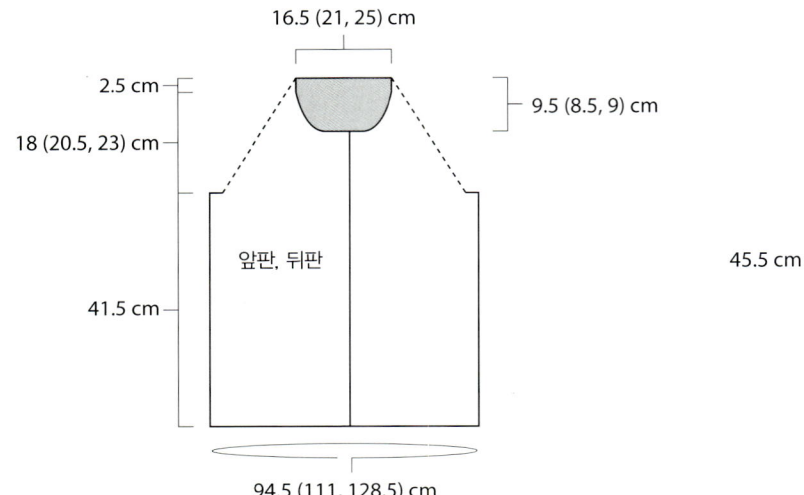

16.5 (21, 25) cm

2.5 cm

18 (20.5, 23) cm

9.5 (8.5, 9) cm

앞판, 뒤판

41.5 cm

94.5 (111, 128.5) cm

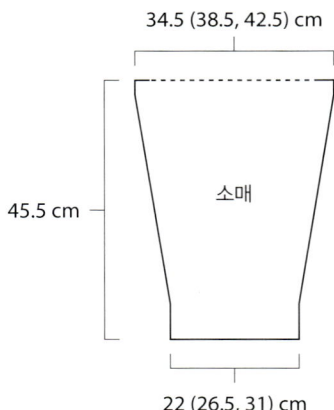

34.5 (38.5, 42.5) cm

소매

45.5 cm

22 (26.5, 31) cm

패턴을 적용한다. → 81(91, 101)코. 차트의 7단까지 뜬다.

다음 단: (안면, 차트의 8단) 5코 코막음, 5코 남을 때까지 설정된 패턴대로 뜨기, 5코 코막음. → 71(81, 91)코가 남는다. 모든 코를 스티치 홀더에 옮긴다.

요크

3.5mm 바늘을 가지고 다음과 같이 몸판과 소매를 연결한다.

연결단: (차트의 9단) {오른쪽 앞판}: 첫 멍석뜨기 6코에서 단춧구멍 만들기, 바늘비우기, 오른코 모아뜨기, 겉2, 바늘비우기, [2코 걸러뜨기, 겉1, 걸러뜬 2코로 겉뜨기한 1코 덮어씌우기, 바늘비우기, 겉3, 바늘비우기, 오른코 모아뜨기, 겉2, 바늘비우기] 3(4, 5)번, 2코 걸러뜨기, 겉1, 걸러뜬 2코로 겉뜨기한 1코 덮어씌우기, 바늘비우기, 겉3, 바늘비우기, 오른코 모아뜨기, 겉4, 콧수링 끼우기. {오른쪽 소매}: 겉5, 바늘비우기, 오른코 모아뜨기, 겉2, 바늘비우기, [2코 걸러뜨기, 겉1, 걸러뜬 2코로 겉뜨기한 1코 덮어씌우기, 바늘비우기, 겉3, 바늘비우기, 오른코 모아뜨기, 겉2, 바늘비우기] 5(6, 7)번, 2코 걸러뜨기, 겉1, 걸러뜬 2코로 겉뜨기한 1코 덮어씌우기, 바늘비우기, 겉3, 바늘비우기, 오른코 모아뜨기, 겉4, 콧수링 끼우기. {뒤판}: 겉4, 바늘비우기, 오른코 모아뜨기, 겉2, 바늘비우기, [2코 걸러뜨기, 겉1, 걸러뜬 2코로 겉뜨기한 1코 덮어씌우기, 바늘비우기, 겉3, 바늘비우기, 오른코 모아뜨기, 겉2, 바늘비우기] 8(10, 12)번, 2코 걸러뜨기, 겉1, 걸러뜬 2코로 겉뜨기한 1코 덮어씌우기, 바늘비우기, 겉3, 바늘비우기, 오른코 모아뜨기, 겉3, 콧수링 끼우기. {왼쪽 소매}: 겉5, 바늘비우기, 오른코 모아뜨기, 겉2, 바늘비우기, [2코 걸러뜨기, 겉1, 걸러뜬 2코로 겉뜨기한 1코 덮어씌우기, 바늘비우기, 겉3, 바늘비우기, 오른코 모아뜨기, 겉2, 바늘비우기] 5(6, 7)번, 2코 걸러뜨기, 겉1, 걸러뜬 2코로 겉뜨기한 1코 덮어씌우기, 바늘비우기, 겉3, 바늘비우기, 오른코 모아뜨기, 겉4,

다이아몬드 트렐리스 차트

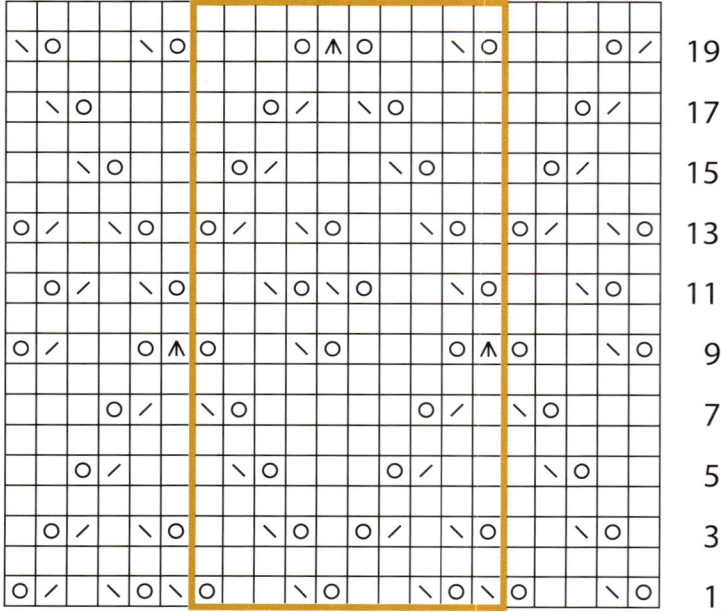

	표기	설명
□		겉면에서 겉뜨기, 안면에서 안뜨기
O		바늘비우기
/		2코 모아 겉뜨기
\		오른코 모아뜨기
ʌ		2코 모아 겉뜨기하듯이 2코 걸러뜨기, 1코 겉뜨기, 걸러뜬 2코로 겉뜨기한 1코 덮어씌우기
□		반복 단위

콧수링 끼우기. {왼쪽 앞판}: 겉4, 2코 모아 겉뜨기,
바늘비우기, 겉3, 바늘비우기, [2코 걸러뜨기,
겉1, 걸러뜬 2코로 겉뜨기한 1코 덮어씌우기,
바늘비우기, 겉3, 바늘비 우기, 오른코 모아뜨기, 겉2,
바늘비우기] 3(4, 5)번, 2코 걸러뜨기, 겉1, 걸러뜬
2코로 겉뜨기한 1코 덮어씌우기, 바늘비우기, 겉2,
2코 모아 겉뜨기, 바늘비우기, 남은 6코 멍석뜨기.
→ 양쪽 앞판에 각 52(62, 72)코씩, 뒤판에 99(119,
139)코, 양쪽 소매에 긱 71(81, 91)코씩 총 345(405,
465)코.

(안면) 각 콧수링 양쪽으로 4코씩은 메리야스뜨기를
하며 1단을 뜬다.

래글런 줄임단: (겉면) ※콧수링 앞 5코 남을
때까지(주의사항 참고) 설정된 패턴대로 뜨기, 겉2,
2코 모아 겉뜨기, 겉1, 콧수링 옮기기, 겉1, 오른코
모아뜨기, 겉2. ※표한 부분 3번 더 반복, 패턴대로
끝까지 뜨기. → 8코가 준다.

위의 2단을 29(34, 39)번 더 반복하면서 설정된
대로 단춧구멍도 만든다. 동시에 19(26, 29)번째
요크 줄임단부터는 다음과 같이 목둘레선도 만든다.

목둘레선

양쪽 앞단의 6코씩을 스티치홀더에 옮겨 쉼코로 둔다. 실을 잘라 6코 다음의 겉면 단 시작부분에 다시 연결한다. 래글런 모양 만들기를 계속하는 동시에, 다음 2단 동안은 시작 부분에서 2코씩 코막음을 하고, 그 다음 2(4, 4)단 동안은 시작부분에서 3코씩 코막음하고, 그 다음 6(2, 2)단 동안은 시작부분에서 2코씩 코막음한다.

겉면 단을 뜰 때 양쪽 목둘레선 가장자리에서 1코씩 줄이기를 3(2, 2)번한다. → 래글런과 목둘레선 모양 만들기가 다 끝나면 양쪽 앞판에 각 2(9, 14)코, 뒤판에 39(49, 59)코, 양쪽 소매에 각 11코씩 총 65(89, 109)코가 남는다. 1단을 뜬다(안면). 코막음을 하지 않고 실을 자른다.

마무리

목둘레단

겉면을 마주본 상태로 3.25mm 바늘을 가지고, 쉼코로 둔 6코를 멍석뜨기하고, 오른쪽 앞판의 목둘레선 가장자리를 따라 25(21, 22)코를 줍고, 뒤판 목둘레선의 65(89, 109)코를 안(겉, 안)뜨기부터 시작해서 멍석뜨기를 하고, 왼쪽 앞판 목둘레선 가장자리를 따라 25(21, 22)코를 줍고, 쉼코로 둔 6코를 멍석뜨기한다. → 총 127(143, 165)코. 멍석뜨기로 5단을 뜬다. 안면 단까지 뜨게 된다.

다음 단: (겉면) 첫 6코에서 단춧구멍을 만들고 끝까지 멍석뜨기한다.

멍석뜨기로 3단을 뜨고, 패턴대로 모든 코를 코막음한다.

단춧구멍 위치에 맞추어 왼쪽 앞판의 앞단에 단추를 단다. 돗바늘에 실을 끼워 매트리스 스티치*로 소매와 겨드랑이 부분의 솔기를 꿰맨다. 남은 실꼬리를 편물에 엮어 정리한다. 가볍게 스팀 블로킹한다.

Yvette roositud hat

이베트 루시터드 모자

루시터드(Roositud)는 에스토니아 식 무늬 넣기 기법 중 하나로,
뜨개를 하는 도중에 대조되는 색깔의 실로 편물의 겉면과 안면을
오가며 앞뒤로 감아 마치 수를 놓은 것처럼 보이는 기하학적인
무늬를 만들어낸다. 루시터드 기법을 활용하면 자유롭게 어디든
원하는 위치에 모티프를 넣을 수 있고 색상 수도 원하는 만큼 쓸 수
있다. 세 가지 색상의 이 베레모는 무늬가 잘 살도록 실을 두 겹으로
했다. 전통적으로 벙어리장갑이나 양말에만 사용되던 루시터드
기법을 여기에서 베레모의 한쪽 옆에 그래픽 모티브처럼 사용해
현대적인 느낌으로 전통을 재구성했다.

완성 사이즈

챙 둘레 약 48.5cm,
가장 넓은 부분 약 65.5cm, 높이 약 21cm

실

굵기: 합태사(Sportweight)

견본에 사용한 실: The Fibre Company의
Road to China Light (베이비 알파카 65%, 실크 15%,
캐멀 10%, 캐시미어 10%, 145m/50g).
색상기호 riverstone(베이지: 바탕색) 2볼,
peridot (녹색: 배색1), hematite(재색: 배색2),
carnelian (붉은 색: 배색3) 각 1볼씩.

바늘

모자: 3.25mm 40cm 줄바늘, 양끝이 뾰족한
막대바늘 4~5개
고무단: 2.25mm 40cm 줄바늘
게이지가 정확히 맞지 않으면 바늘 굵기를
바꿔서 조정한다.

기타 준비물

콧수링, 돗바늘

게이지

3.25mm 바늘을 가지고 원통뜨기로
메리야스뜨기를 했을 때 26코 33단
=가로 세로 10cm

디자인: 케이트 개그넌 오스본

루시터드 기법

이 무늬 넣기 기법은 2단을 한 쌍으로 하여 이어지는 무늬 차트에 따라 뜬다.

1단: 무늬 차트의 1단을 보고 정해진 위치에서 무늬용 실을 바늘과 바늘 사이에서 앞으로 감아가며 무늬를 넣되, 실이 너무 팽팽히 당겨지지 않도록 한다. (그림 1)

2단:
1단계. 무늬 넣기가 시작되기 전까지 겉뜨기를 한다.

2단계. 무늬용 실을 편물의 뒷면에서 앞면으로 왼쪽바늘 위로 넘기고, 이제 막 작업할 위치의 왼쪽 바늘과 오른쪽 바늘 사이로 다시 뒤로 보낸다(그림 2). 무늬용 실은 느슨하게 앞으로 늘어뜨려 둔다.

3단계. 첫 무늬 넣기 코들이 끝나는 부분에서, 늘어져 있는 무늬용 실을 두 바늘 사이로 뒤로 넘기고(그림 3), 이어 차트에 표시된 다음 무늬에 따라 지정된 위치에서 앞뒤로 넘기며 무늬를 만든다(그림 4). 무늬 넣기가 끝나면, 느슨하게 늘어진 무늬용 실을 낙낙하게 당긴다(그림 5). 이제 무늬용 실은 다음 단에서 무늬를 넣을 위치에 있다.

위의 1~2단을 반복하면서 차트의 무늬 넣기를 완성한다.

*http://youtu.be/wAA56UWu4Ds 에서 저자들이 직접 이 모자의 루시터드 기법을 설명하는 동영상을 볼 수 있다.

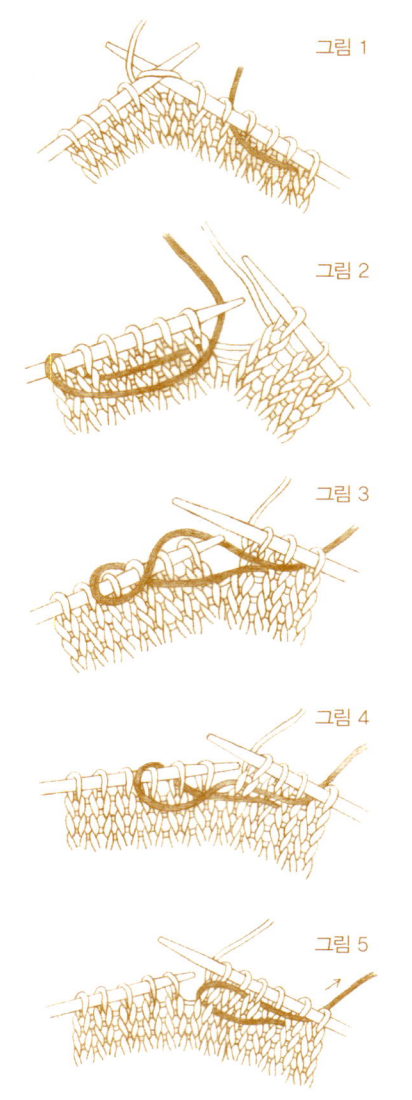

그림 1

그림 2

그림 3

그림 4

그림 5

모자

바탕색 실과 3.25mm 줄바늘을 가지고, 임시코 만들기 방법*으로 62코를 만든다. 양끝을 연결하지 않는다. 안뜨기로 1단을 뜨고(안면), 겉뜨기로 1단, 안뜨기로 1단을 뜬다. 임시코에 걸려 있던 다른 실을 조심스럽게 풀어내고 드러난 임시코 62코를 2.25mm 바늘에 옮긴다. 편물의 안면이 서로 맞닿도록 하고, 3.25mm 바늘을 앞으로 하여 두 바늘을 평행으로 잡는다.

연결단: (겉면) 2.25mm 바늘을 가지고 ※앞쪽 바늘의 코로 겉1, 뒤쪽 바늘의 코로 안1. ※표한 부분 반복. → 124코.

계속 2.25mm 바늘로 뜬다. 콧수링을 걸고, 코들이 꼬이지 않도록 조심하면서 원통뜨기를 할 수 있도록 양끝을 연결한다. 편물의 길이가 시작단부터 4cm가 될 때까지 1코 고무뜨기로 계속 뜬다.

늘림단: ※겉2, 1코 만들기(82쪽 참고), [겉3, 1코 만들기] 5번, 겉2, 1코 만들기, [겉3, 1코 만들기] 4번. ※표한 부분 반복. → 168코.

3.25mm 바늘로 바꾸어 다음과 같이 루시터드 무늬를 넣는다.

다음 단: 겉14, 콧수링을 끼워 차트의 시작부분을 표시하고, 루시터드 차트의 1단에 따라 35코를 뜨고, 콧수링을 끼워 차트의 끝부분을 표시하고, 끝까지 겉뜨기한다.

차트의 35단까지 무늬 넣기를 계속한다.

루시터드 차트

49
47
45
43
41
39
37
35
33
31
29
27
25
23
21
19
17
15
13
11
9
7
5
3
1

+	바탕색
◿	배색1 실 2겹으로 루시터드 무늬 넣기
▲	배색2 실 2겹으로 루시터드 무늬 넣기
=	배색3 실 2겹으로 루시터드 무늬 넣기
╱	바탕색으로 2코 모아 겉뜨기
╲	바탕색으로 오른코 모아뜨기
‖	콧수링 위치

정수리 만들기

주의: 루시터드 차트는 49단까지 계속 뜨고 그 다음 단부터는 모든 코를 바탕색만으로 뜬다. 정수리 모양 만들기는 차트에 명료하게 표시되어 있다.

설정단: (차트의 36단) ※21코 뜨기, 콧수링 끼우기. ※표한 부분 7번 더 반복.

줄임단: ※오른코 모아뜨기, 콧수링 앞 2코 남을 때까지 뜨기, 2코 모아 겉뜨기. ※표한 부분 반복. → 16코가 준다.

2단을 그냥 뜬다. 줄임단을 1번 더 뜨고, 2단을 그냥 뜬다. → 136코가 남는다.

[줄임단 뜨기, 1단 그냥 뜨기]를 6번 반복한 다음 줄임단만 1번 더 뜬다. → 24코가 남는다.

다음 단: [2코 모아 겉뜨기하듯이 2코 걸러뜨기, 1코 겉뜨기, 걸러뜬 2코로 겉뜨기한 1코 덮어씌우기] 8번 → 8코가 남는다.

실꼬리를 20cm 가량 남기고 실을 자른다. 돗바늘에 남은 실꼬리를 끼워 남은 코들에 두세 번 꿴 다음 단단히 당겨 구멍을 메우고 안면에서 실을 고정한다.

마무리

바탕색 실의 남은 실꼬리를 편물에 엮어 정리한다. 무늬용 실들은 12cm 가량 남기고 자르되 아직 엮어 정리하지 않는다. 모자를 따뜻한 물에 푹 담가 울 세제로 세탁하고 바닥에 편편하게 펼쳐 말린다. 다 마르면 무늬를 넣은 부분의 실이 적당한 팽팽함을 유지하도록 조정한 다음 남은 실꼬리를 정리한다.

Adelaide yoke pullover
애들레이드 요크 풀오버

아이슬란드 식 요크 풀오버가 대중에게 널리 알려지기 시작한 것은 20세기 중반이었다. 안나 리사 만하이메르 룬이 소개한 보후스Bohus 요크 풀오버와, 전통 노르웨이 식 라이스 스티치 스웨터, 그린란드 전통의상의 비드를 수놓은 섬세한 칼라 등 다양한 뜨개기법과 문화도 요크 풀오버의 대중화에 힘을 보탰다. 기나긴 뜨개의 역사에 비해 이 기법의 역사는 짧지만 이 스웨터의 스타일은 뜨개를 하는 사람이라면 누구나 쉽게 알아볼 수 있는 고전적 디자인이다. 애들레이드 풀오버는 아이슬란드 전통 스웨터에서 직접적인 영향을 받았지만, 길이를 더 길게 하고 몸에 더 잘 맞는 핏과 허리선을 살려 새롭게 업데이트했으며, 페어아일 무늬가 시작되기 전에는 사선 되돌아뜨기를 활용해 체형을 잘 살리는 핏과 편안한 네크라인을 만들었다. 전형적인 천연 양모 색 대신 아주 여성적이고 온화한 색상을 사용한 것도 전통에 가미한 또 하나의 새로움이다.

완성 사이즈

가슴둘레 약 80(90, 103, 113, 123, 133.5)cm. 이 스웨터는 몸에 꼭 맞는 형태로 디자인했다. 견본 스웨터 사이즈는 90cm.

실

굵기: 병태사(Worsted)

견본에 사용한 실: The Fibre Company의 Terra(베이비 알파카 40%, 메리노 울 40%, 실크 20%, 91m/50g) 색상기호 yarrow(연한 청색, 바탕색) 8(9, 10, 11, 12, 13)볼, logwood purple(배색1)과 hollyhock(분홍, 배색2). fustic(오렌지, 배색3), anemone(연한 녹색, 배색4) 각 1볼씩

바늘

몸판: 5mm 40cm 줄바늘, 60 또는 80cm 줄바늘, 양끝이 뾰족한 막대바늘 4~5개

고무단: 4mm 40cm 줄바늘, 60 또는 80cm 줄바늘, 양끝이 뾰족한 막대바늘 4~5개
게이지가 정확히 맞지 않으면 바늘 굵기를 바꿔서 조정한다.

기타 준비물

콧수링, 스티치홀더 용으로 쓸 다른 실이나 다른 바늘, 돗바늘

게이지

5mm 바늘을 가지고 원통뜨기로 메리야스뜨기를 했을 때 18코 27단=가로 세로 10cm

5mm 바늘을 가지고 원통뜨기로 요크 무늬를 떴을 때 19코 25단=가로 세로 10cm

디자인: 케이트 개그넌 오스본

사선 되돌아뜨기

이 스웨터에서는 사선 되돌아뜨기를 활용하여
뒷목둘레선과 어깨선을 높임으로써 더욱
현대적인 모양새를 만들었다. 그 결과 크루넥과
거의 흡사한 목둘레선이 만들어지면서 입었을
때 훨씬 더 편안한 옷이 되었고, 제대로 뜨기만
한다면 사실상 몸판과 목둘레선이 구분 없이
이어진 것처럼 보인다. 글로 된 설명만 보아서는
사선 되돌아뜨기로 어떤 모양이 만들어지는지
잘 이해가 안 될지도 모르지만, 직접 떠보면
분명히 이해할 수 있다.

사선 되돌아뜨기를 할 때는 일정한 콧수의
코들을 겉면과 안면을 돌아가며 단면뜨기로
뜨며, 단을 바꿀 때는 뜨고 있는 실로 코를
에워싸는 과정이 포함된다. 이는 보통 "다음 코
에워싸기, 편물 돌리기"나 "에워싸고 돌리기"로
표기한다. 방법은 다음과 같다.

겉면(겉뜨기) 단

1단계: 겉면(겉뜨기면)을 마주보고, 설명에 표시된
편물 돌리기 위치 앞까지 겉뜨기한다.

2단계: 다음 코를 안뜨기하듯이 걸러뜬다(그림 1).

3단계: 실을 편물 앞쪽으로 가져온 다음, 방금
걸러뜬 코를 다시 왼쪽 바늘로 옮긴다(그림 2).

4단계: 편물을 돌려 안면(안뜨기면)을 마주보고,
다음 코를 뜰 위치로 실을 가져온다. → 1코가
에워싸이고, 실은 다음 코를 안뜨기할 위치에
와 있다.

에워싼 실이 눈에 띄지 않도록 감추려면, 다음
단을 뜰 때 에워싸인 코 앞까지 뜬 다음 오른쪽
바늘 끝을 에워싼 실로 만들어진 고리에 밑에서
위로 찔러 넣으면서 동시에 에워싸인 코에도 찔러
넣어 에워싼 실과 에워싸인 코를 마치 한 코인
것처럼 뜬다(그림 3).

안면(안뜨기) 단

1단계: 안면(안뜨기면)을 마주보고, 설명에 표시된
편물 돌리기 위치 앞까지 안뜨기한다.

2단계: 다음 코를 안뜨기하듯이 걸러뜬 다음,
실을 편물 뒤쪽으로 돌린다(그림 4).

3단계: 걸러뜬 코를 다시 왼쪽 바늘에 옮긴 다음,
실을 편물 앞으로 가져온다(그림 5).

4단계: 편물을 돌려 겉면(겉뜨기면)을 마주본다.
→ 1코가 에워싸이고, 실은 다음 코를 겉뜨기할
위치에 와 있다.

에워싼 실을 감추려면, 다음 단을 뜰 때 에워싸인
코 앞까지 뜬 다음 오른쪽 바늘 끝을 에워싼 실의
뒤쪽으로 밀어 넣어 끌어올려서 왼쪽 바늘 끝에
걸어주고, 에워싸인 코와 함께 한 코인 것처럼
뜬다(그림 6).

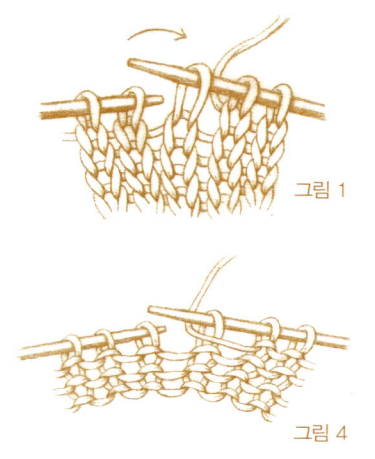

그림 1

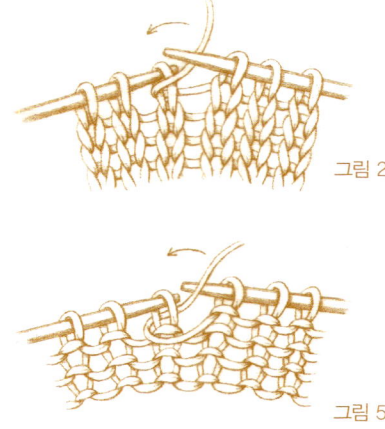

그림 2

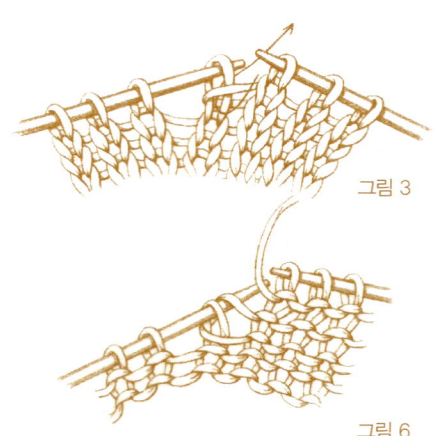

그림 3

그림 4

그림 5

그림 6

소매

바탕색 실과 4mm 막대바늘을 가지고 38(38, 40, 40, 46, 46)코를 만든다. 콧수링을 끼우고, 코들이 꼬이지 않도록 조심하면서 원통뜨기를 할 수 있도록 양끝을 연결한다. 브로큰 립 스티치(스티치 가이드)의 1단과 2단을 7번 반복한 다음, 1단만 1번 더 뜬다. 5mm 바늘로 바꾸어 사이즈에 따라 다음과 같이 계속 뜬다.

사이즈 80(90, 123, 133.5)cm

겉1, 왼쪽 기울임 1코 만들기(82쪽 참고), 1코 남을 때까지 겉뜨기, 오른쪽 기울임 1코 만들기(82쪽) → 2코가 는다.

사이즈 103(113)cm

겉뜨기

모든 사이즈

40(40, 40, 40, 48, 48)코가 있다. 소매 차트의 1~19단을 뜬 다음, 바탕색만으로 3단을 더 뜬다.

늘림단: 겉1, 왼쪽 기울임 1코 만들기, 1코 남을 때까지 겉뜨기, 오른쪽 기울임 1코 만들기, 겉1. → 2코가 는다.

6단을 그냥 뜬다. [늘림단 뜨고 6단 뜨기]를 5(6, 8, 11, 8, 9)번 더 반복한다. → 52(54, 58, 64, 66, 68)코가 된다. 편물이 시작단부터 45.5cm가 될 때까지, 또는 겨드랑이까지 원하는 길이가 될 때까지 메리야스뜨기를 계속하면서, 마지막 2단은 다음과 같이 뜬다.

1단: 4코 남을 때까지 겉뜨기, 4코 코막음. → 48(50, 54, 60, 62, 64)코가 남는다.

2단: 4코 코막음, 끝까지 겉뜨기. → 44(46, 50, 56, 58, 60)코가 남는다.

코들을 다른 실이나 남는 바늘에 옮겨 쉼코로 둔다.

몸판

바탕색 실과 4mm 긴 줄바늘을 가지고 142(160, 182, 200, 218, 236)코를 만든다. 콧수링을 끼우고 코들이 꼬이지 않도록 조심하면서 원통뜨기를 하도록 양끝을 연결한다. 브로큰 립 스티치의 1단과 2단을 반복하며 편물이 7.5cm가 될 때까지 뜬다.

5mm 줄바늘로 바꾸어 메리야스뜨기로 6.5cm를 더 뜬다.

다음 단: 겉71(80, 91, 100, 109, 118), 콧수링 끼우기, 끝까지 겉뜨기.

줄임단: 겉1, 2코 모아 겉뜨기, 콧수링 앞 3코 남을 때까지 겉뜨기, 오른코 모아뜨기, 겉1, 콧수링 옮기기, 겉1, 2코 모아 걸뜨기, 3코 남을 때까지 겉뜨기, 오른코 모아뜨기, 겉1. → 4코가 준다.

6단을 그냥 뜬다. [줄읍단 뜨고 6단 그냥 뜨기]를 3번 더 반복한다. → 126(144, 166, 184, 202, 220)코가 남는다.

늘림단: 겉1, 왼쪽 기울임 1코 만들기, 다음 콧수링 앞 1코 남을 때까지 겉뜨기, 오른쪽 기울임 1코 만들기, 겉1, 콧수링 옮기기, 겉1, 왼쪽 기울임 1코 만들기, 다음 콧수링 앞 1코 남을 때까지 겉뜨기, 오른쪽 기울임 1코 만들기, 겉1. → 4코가 는다.

6단을 그냥 뜬다. [늘림단 뜨고 6단 그냥 뜨기]를 3번 더 반복한다. → 142(160, 182, 200, 218,

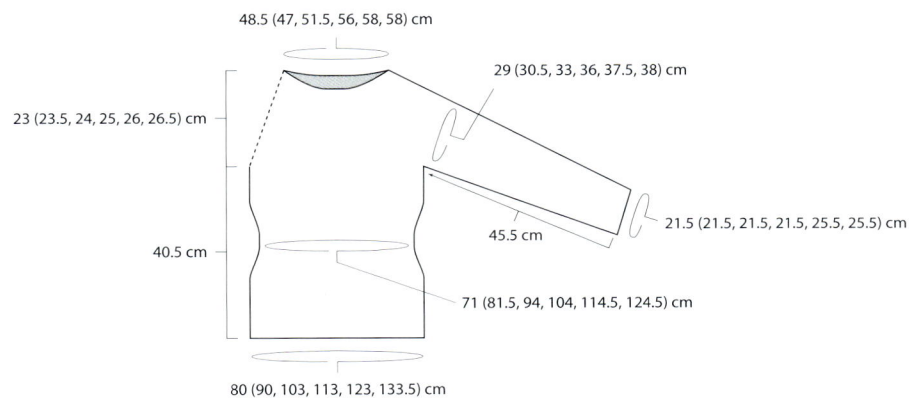

48.5 (47, 51.5, 56, 58, 58) cm

29 (30.5, 33, 36, 37.5, 38) cm

23 (23.5, 24, 25, 26, 26.5) cm

21.5 (21.5, 21.5, 21.5, 25.5, 25.5) cm

45.5 cm

40.5 cm

71 (81.5, 94, 104, 114.5, 124.5) cm

80 (90, 103, 113, 123, 133.5) cm

스티치 가이드

브로큰 립 스티치(짝수 콧수)

1단: ※겉1, 안1. ※표한 부분 반복

2단: 겉뜨기
1단과 2단을 반복한다.

236)코가 된다. 편물이 시작단부터 40.5cm가 될 때까지 또는 겨드랑이까지 원하는 길이가 될 때까지 메리야스뜨기를 계속하되, 마지막 2단은 다음과 같이 뜬다.

1단: 4코 남을 때까지 겉뜨기, 4코 코막음

2단: 4코 코막음, 다음 콧수링 앞 4코 남을 때까지 겉뜨기, 8코 코막음, 콧수링이 나오면 콧수링을 빼면서 끝까지 겉뜨기. → 앞판과 뒤판에 각 63(72, 83, 92, 101, 110)코씩 126(144, 166, 184, 202, 220)코가 남는다.

실은 자르지 않는다.

몸판과 소매 연결하여 요크 만들기

콧수링 끼우기, 쉼코로 둔 소매의 44(46, 50, 56, 58, 60)코 겉뜨기, 콧수링 끼우기, 앞판의 63(72,

83, 92, 101, 110)코 겉뜨기, 콧수링 끼우기, 쉼코로 둔 소매의 44(46, 50, 56, 58, 60)코 겉뜨기, 콧수링 끼우기, 뒤판의 63(72, 83, 92, 101, 110)코 겉뜨기. → 총 214(236, 266, 296, 318, 340)코.

줄임단: ※겉1, 2코 모아 겉뜨기, 콧수링 앞 3코 남을 때까지 겉뜨기, 오른코 모아뜨기, 겉1, 콧수링 옮기기. ※표한 부분 3번 더 반복. → 8코가 준다.

겉뜨기로 1단 뜨기. [줄임단 뜨고 1단 뜨기]를 1(1, 2, 3, 3, 3)번 더 반복한다. → 198(220, 242, 264, 286, 308)코가 남는다.

사선 되돌아뜨기 설정단: 겉17, 콧수링 끼우기, 다음 콧수링 앞까지 겉뜨기, 콧수링 빼기, 다음 콧수링 앞까지 겉뜨기, 콧수링 빼기, 다음 콧수링 앞 17코 남을 때까지 겉뜨기, 콧수링 끼우기, 다음 콧수링 앞까지 겉뜨기, 콧수링 빼기, 끝까지 겉뜨기.

다음과 같이 사선 되돌아뜨기(74쪽 참고)를 한다.

사선 되돌아뜨기 1: 첫째 콧수링 앞 1코 남을 때까지 겉뜨기, 다음 코 에워싸기, 편물 돌리기

사선 되돌아뜨기 2: (안면) 단의 끝 위치 표시한 콧수링 앞까지 안뜨기, 콧수링 옮기기, 다음 콧수링 앞 1코 남을 때까지 안뜨기, 다음 코 에워싸기, 편물 돌리기

사선 되돌아뜨기 3: 마지막 에워싼 코 앞에 8코 남을 때까지 겉뜨기(도중에 콧수링 옮김), 다음 코 에워싸기, 편물 돌리기

사선 되돌아뜨기 4: 마지막 에워싼 코 앞에 8코 남을 때까지 안뜨기(도중에 콧수링 옮김), 다음 코 에워싸기, 편물 돌리기

사선 되돌아뜨기 3과 4를 4(5, 5, 5, 5, 5)번 더 반복한다.

다음 단: 겉면을 마주본 채 단 끝까지 겉뜨기하면서

소매 차트

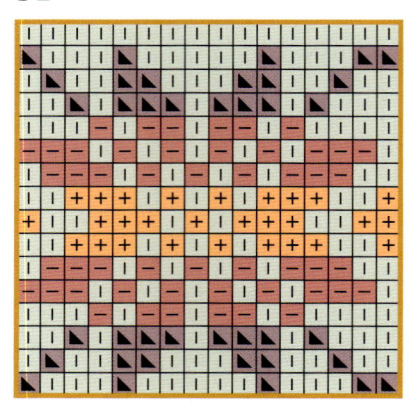

상단 요크

중심 요크

하단 요크

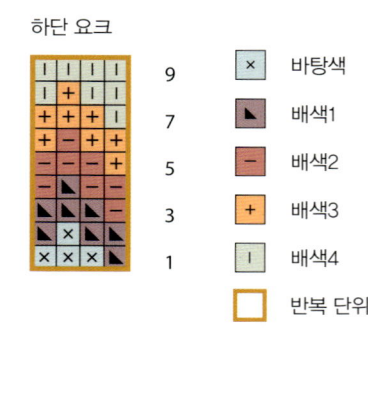

✕	바탕색
◣	배색1
─	배색2
+	배색3
I	배색4
☐	반복 단위

도중에 에워싼 실들을 에워싸인 코들과 함께 떠 감춘다.

겉뜨기로 1단을 뜨면서 남아 있는 에워싼 실들을 에워싸인 코와 함께 떠 감춘다.

사이즈 123(133.5)cm만
메리야스뜨기로 1.3(2)cm 더 뜬다.

모든 사이즈
줄임단: ※겉1, 2코 모아 겉뜨기, 겉17, 오른코 모아뜨기. ※표한 부분 반복. → 180(200, 220, 240, 260, 280)코가 남는다.

페어아일 요크
하단 요크 차트의 1～9단을 뜬다.

줄임단 1: 배색4 실을 가지고 사이즈에 따라 다음과 같이 뜬다.

사이즈 80cm: ※겉7, 2코 모아 겉뜨기. ※표한 부분 반복. → 160코가 남는다.

사이즈 90cm: ※겉6, 2코 모아 겉뜨기, 겉6, 2코 모아 겉뜨기, 겉7, 2코 모아 겉뜨기. ※표한 부분 반복. → 176코가 남는다.

사이즈 103cm: 2코 모아 겉뜨기, 겉4, ※2코 모아 겉뜨기, 겉6. 6코 남을 때까지 ※표한 부분 반복, 2코 모아 겉뜨기, 겉4. → 192코가 남는다.

사이즈 113cm: ※겉5, 2코 모아 겉뜨기, 겉6, 2코 모아 겉뜨기. ※표한 부분 반복. → 208코가 남는다.

사이즈 123cm: ※[겉5, 2코 모아 겉뜨기] 3번, 겉6, 2코 모아 겉뜨기. 28코가 남을 때까지 ※표한 부분 반복, [겉5, 2코 모아 겉뜨기] 4번 → 224코가 남는다.

사이즈 133.5cm: ※겉5, 2코 모아 겉뜨기. ※표한 부분 반복. → 240코가 남는다.

중심 요크 차트의 1～16단까지 뜬다.

줄임단 2: 배색4 실로 사이즈에 따라 다음과 같이 뜬다.

사이즈 80(90, 103, 113)cm: ※겉2, 2코 모아 겉뜨기. ※표한 부분 반복. → 120(132, 144, 156)코가 남는다.

사이즈 123cm: ※겉1, 2코 모아 겉뜨기, 겉2, 2코 모아 겉뜨기. ※표한 부분 반복. → 160코가 남는다.

사이즈 133.5cm: ※겉1, 2코 모아 겉뜨기. ※표한 부분 반복. → 160코가 남는다.

상단 요크 차트의 1～9단을 뜬다.

줄임단 3: 바탕색 실로 사이즈에 따라 다음과 같이 뜬다.

사이즈 80cm: ※겉2, 2코 모아 겉뜨기. ※표한 부분 반복. → 90코가 남는다.

사이즈 90(103, 113, 123, 133.5)cm: ※겉1, 2코 모아 겉뜨기. 0(0, 0, 4, 4)코가 남을 때까지 ※표한 부분 반복, 끝까지 겉뜨기. → 88(96, 104, 108, 108)코가 남는다.

목둘레단
4mm 40cm 줄바늘로 바꾸어, 브로크 립 패턴의 1～2단을 2번 뜬 다음 1단만 1번 더 뜬다. 모든 코를 코막음한다.

마무리
남은 실꼬리를 편물에 엮어 감춘다. 치수에 맞게 블로킹한다.

Abigail hand warmers

애비게일 핸드워머

이 핸드워머는 노르웨이의 셀부(Selbu) 벙어리장갑과 손가락장갑을
현대적으로 세련되게 재해석하여 만든 것이다. 셀부라는 이름은
셀부 호수를 둘러싼 산간지역의 지명에서 따온 것인데, 그곳의 디자인
스타일은 1800년대 중반에 관광업을 통해 대중적으로 알려졌다.
역사적으로 셀부 벙어리장갑은 검정색과 흰색으로 정교한 대칭무늬를 넣어
떴는데, 특히 그 지역의 장식적인 민속미술에서 인기를 누리던 뾰족한
별 문양이나 장미 문양이 주로 쓰였다. 이 핸드워머에서는 빅토리아 시대
벽지 무늬에서 착안한 무늬를 사용하여 여성스러운 우아함과 빈티지의
매력을 더하면서 원래의 전통적인 느낌이나 외양도 그대로 살렸다.
민트 그린과 자주색의 배합은 추운 겨울날에 따스한 봄날의 느낌을
전해주고, 유난히 긴 커프는 손목을 따뜻하게 해줄 뿐 아니라
예스러운 우아함까지 느끼게 해준다.

완성 사이즈

손 둘레 약 19.5cm, 길이 약 26cm
작거나 중간 크기인 여자 손에 맞는 사이즈

실

굵기: 중세사(Fingering)
견본에 사용한 실: The Fibre Company의
Canopy Fingering (베이비 알파카 50%,
메리노 울 30%, 뱀부 20%, 183m/50g)
색상기호 fern(바탕색), plum(배색) 각 1볼

바늘

커프: 2.25mm 양끝이 뾰족한 막대바늘 4~5개
손: 2.75mm 양끝이 뾰족한 막대바늘 4~5개
게이지가 정확히 맞지 않으면 바늘 굵기를 바꿔서
조정한다.

기타 준비물

콧수링, 다른 실이나 스티치홀더, 돗바늘

게이지

2.75mm 바늘을 가지고 원통뜨기로
손 패턴을 떴을 때 36코 40단=가로 세로 10cm

디자인: 커트니 켈리

커프

배색 실과 2.25mm 바늘을 가지고 68코를 만든다.
막대바늘 3개 또는 4개에 콧수를 가능한 고르게
나눈다. 콧수링을 끼우고 코들이 꼬이지 않도록
조심하면서 원통뜨기를 할 수 있도록 양끝을
연결한다. 안뜨기 단부터 시작하여 가터뜨기(안뜨기
1단, 겉뜨기 1단)로 10단을 뜬다. 2.75mm 바늘로
바꾸고 이때부터는 메리야스뜨기(모든 단 겉뜨기)로
뜬다. 배색 실로 겉뜨기 1단을 뜬 다음. 커프 차트의
1~43단을 뜨고, 다시 배색 실로 겉뜨기 1단을 뜬다.
→ 편물이 시작단부터 12cm가 된다.

대칭 코늘림

엄지 가세트(삼각 덧댐 부분)를 만들기 위해
코를 늘릴 때(그밖에도 쌍을 이루는 코 늘림을
할 때)는 좌우 대칭 모양이 되도록 늘려야
한다. 1코 만들기(M1)는 코와 코 사이를
가로로 잇는 실을 끌어올려 떠서 코를 늘리는
방법이다. 뜨개를 하는 도중에 양쪽 바늘에
각각 걸려 있는 첫째 코들을 잘 살펴보자.
왼쪽 바늘의 첫 코는 바늘을 타고 넘으며 걸려
있는데, 이 실을 눈으로 잘 따라가 보면 오른쪽
바늘에 걸린 첫 코 바로 아랫단 코와의 사이
틈을 잇고 있음을 알 수 있다. 바로 이 부분을
끌어올리는 것이다. 코를 늘려 엄지 가세트를
만들 때 처음 늘리는 코는 왼쪽으로 기울어진
모양(왼쪽 기울임 1코 만들기)이어야 하고,
두 번째 늘리는 코는 오른쪽으로 기울어진
모양(오른쪽 기울임 1코 만들기)이어야 한다.

왼쪽 기울임 1코 만들기

(참고: 기울임 방향이 따로 명시되지 않은
경우는 항상 왼쪽 기울임으로 한다.)

1단계: 왼쪽 바늘로 코와 코 사이의 실을
끌어올리되, 실의 오른쪽이 앞으로 오도록
한다(그림 1). 실이 바늘에 걸쳐진 방향이
다른 코들과 같음에 주목하자.

2단계: 끌어올린 코의 뒤쪽 고리에 오른쪽
바늘을 넣어 겉뜨기한다(그림 2).

오른쪽 기울임 1코 만들기

1단계: 왼쪽 바늘로 코와 코 사이의 실을
끌어올리되, 실의 왼쪽이 앞으로 오도록
한다(그림 3). 실이 바늘에 걸쳐진 방향이
다른 코들과 반대 방향임에 주목하자.

2단계: 끌어올린 코의 앞쪽 고리에 오른쪽
바늘을 넣어 겉뜨기한다(그림4).

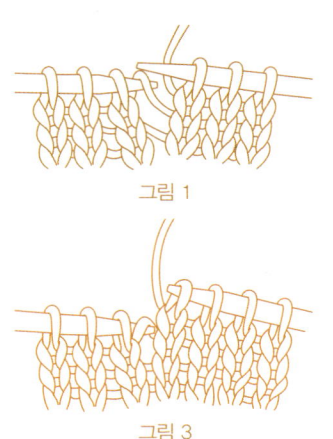

그림 1

그림 3

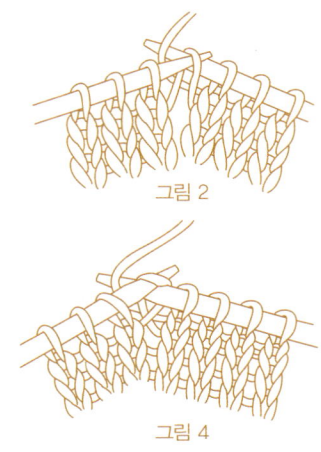

그림 2

그림 4

커프 차트

43
41
39
37
35
33
31
29
27
25
23
21
19
17
15
13
11
9
7
5
3
1

엄지 차트

27
25
23
21
19
17
15
13
11
9
7
5
3
1

손 차트

2번 반복

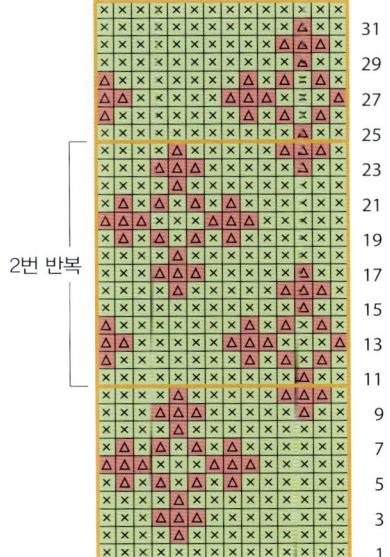

31
29
27
25
23
21
19
17
15
13
11
9
7
5
3
1

✕	바탕색
△	배색
MR	바탕색으로 오른쪽 기울임 1코 만들기
MR	배색으로 오른쪽 기울임 1코 만들기
ML	바탕색으로 왼쪽 기울임 1코 만들기
ML	배색으로 왼쪽 기울임 1코 만들기
☐	반복 단위

손

다음 단: ※바탕색 실로 겉1, 배색 실로 겉1. 단 끝까지 ※표한 부분을 반복한다.

늘림단: ※배색 실로 겉뜨기를 하면서, (1코씩 일정한 거리를 두고) 2코를 늘린다.
→ 70코

손 차트의 1~10단을 뜬다.

엄지 가세트

설정단: (차트의 11단) 바탕색 실로 1코 만들기(82쪽 참고), 콧수링 끼우기,
끝까지 뜨기. → 두 콧수링 사이에 엄지 가세트 1코가 생긴다.

손 차트를 뜨는 동시에, 앞 단에서 늘린 엄지 가세트 코를 기준으로 엄지 차트의
1~28단을 뜨며 차트에 표시된 대로 코를 늘린다. → 가세트 코가 27코가 된다.
이 27코를 다른 실이나 홀더에 옮겨 쉼코로 둔다.

손 차트의 32단까지 뜬 다음 바탕색 실로 겉뜨기 1단을 뜬다. 2.25mm 바늘과
배색 실로 바꾼다. 겉뜨기 단부터 시작하여 가터뜨기로 6단을 뜬다.
모든 코를 느슨하게 코막음한다.

엄지

쉼코로 둔 27코를 3~4개의 막대바늘에 나눠 옮긴다. 배색 실로 27코를
겉뜨기한 다음 손과 엄지 사이에서 1코를 줍는다. → 총 28코. 안뜨기 단부터
시작해 가터뜨기로 3단을 뜨고, 모든 코를 느슨하게 코막음한다.

마무리

남은 실꼬리를 편물에 엮어 정리하고, 치수에 맞게 블로킹한다.

Yangtze cardigan

양쯔 카디건

나는 오래 전부터 이런 1950년대 스타일의 클래식한 카디건을 뜨고 싶었다.
다만 이 작품에서는 더 편안한 착용감을 위해 좀 더 현대적인 스타일로
업데이트했다. 맞춤복처럼 몸매를 더 아름답게 보이게 하는 여성적인
실루엣에 우아한 돋을새김 무늬가 어우러지면서 한 코 한 코 그 정성이
조금도 아깝지 않은 스웨터가 탄생했다. 탱크 탑과 헐렁한 청바지 위에
받쳐 입어도 좋고, 실크 블라우스와 울 트위드 스커트에 받쳐 입어도
잘 어울리는 기본 스타일의 카디건이기 때문에 대대로 물려 입어도 손색이
없는 옷이다. 알파카와 메리노와 뱀부가 혼합된 실로 떠서 늘어지는 선도
곱고 촉감도 좋은 데다 따뜻하고 은은한 광택까지 고루 조화를 이루는
세련된 스웨터이므로, 손수 뜬 옷이라고 어디서나 자랑스럽게
말할 수 있을 것이다.

완성 사이즈

단추를 채운 상태로 가슴둘레
약 78.5(86.5, 92.5, 99, 105.5, 112, 118)cm.
견본 사이즈는 78.5cm

실

굵기: 중세사(Fingering)

견본에 사용한 실: The Fibre Company의
Canopy Fingering (베이비 알파카 50%,
메리노 울 30%, 뱀부 20%, 183m/50g)
색상기호: river dolphin 8(9, 10, 11, 12, 13, 15)볼

바늘

몸판과 소매: 2.75mm 막대바늘 또는 60cm 줄바늘
커프와 단: 2.25mm 막대바늘 또는 60cm 줄바늘
게이지가 정확히 맞지 않으면 바늘 굵기를 바꿔서
조정한다.

기타 준비물

콧수링, 스티치홀더, 돗바늘.
지름 1.3cm 단추 8(8, 6, 6, 6, 5, 5)개

게이지

2.75mm 바늘로 무늬뜨기했을 때
31코 48단=가로 세로 10cm

디자인: 커트니 켈리

가터뜨기한 편물 잇기(그래프팅)

모든 단의 모든 코를 겉뜨기하는 가터뜨기는 매끈한 겉뜨기 코들과 볼록한 안뜨기 코들이(따로 안뜨기를 하지 않아도 겉뜨기한 뒷면에는 안뜨기 코가 나타난다) 한 단씩 번갈아가며 나타나는, 앞면과 뒷면이 같은 편물을 만들어낸다. 가터뜨기한 편물을 이어줄 때 요점은 볼록한 안뜨기 부분과 오목한 겉뜨기 부분이 만들어내는 이랑 모양을 유지하는 것이다. 돗바늘에 실을 끼워서 잇는 그래프팅을 하면, 서로 연결되는 두 쪽의 편물 사이에 한 단을 뜬 것처럼 새로 한 단이 추가된다. 그 부분이 바로 두 개의 바늘에 각각 나뉘어 있는, 같은 콧수의 막음하지 않은 코들을 이어준다.

이 카디건에서는 8코로 이루어진 앞단을 얇은 칼라처럼 계속 이어가다가 뒤판 목둘레선에서 이어준다. 따라서 오른쪽 앞판의 8코와 왼쪽 앞판의 8코가 막음하지 않은 상태로 살아 있다. 이 2쌍의 8코들을 2개의 막대바늘에 각각 나누고, 겉면이 위로 향하도록 편물을 바닥에 편다. 2쌍의 코들이 겉면에서 볼 때 오목한 겉뜨기 부분으로 끝나는지 볼록한 안뜨기 부분으로 끝나는지 확인한다. 왼쪽 앞단 코들 바로 아래에 오목한 겉뜨기 코들이 있고, 오른쪽 앞단 코들 바로 아래에 볼록한 안뜨기 코들이 있어야 한다.

볼록한 안뜨기 코들(오른쪽 앞단에 연결된 목둘레선 코들)이 걸린 바늘이, 오목한 겉뜨기 코들(왼쪽 앞단에 연결된 목둘레선 코들)이 걸린 바늘 뒤로 가도록 두 바늘을 잡는다. 25cm 정도 길이의 실을 돗바늘에 끼운다. 코들에 연결되어 있는 실을 쓰면 따로 실을 연결하지 않아도 된다. 이제 이 돗바늘로 앞쪽 바늘(왼쪽 앞단 코들)에 볼록한 안뜨기 코들을 더해주고, 뒤쪽 바늘(오른쪽 앞단 코들)에 오목한 겉뜨기 코들을 더해줄 것이다.

대부분의 편물 잇기 설명에는 돗바늘을 코에 '겉뜨기하듯이' 또는 '안뜨기하듯이' 넣는다고 나와 있다. 나는 '아래로' 또는 '위로'라는 표현이 더 낫다고 생각한다. 돗바늘을 '아래로' 넣을 때는 돗바늘을 코에 통과시켜 아래로 가져가며 우리 몸에서 먼 쪽으로 보낸다. 돗바늘을 '위로' 넣을 때는 돗바늘을 코에 통과시켜 위쪽으로 가져가며 편물의 뒤쪽에서 우리 몸 쪽으로 가져온다.

주의: 그림에서는 '뒤쪽' 바늘이 위쪽에 그려져 있고, '앞쪽' 바늘이 아래쪽에 그려져 있다.

1단계: 준비단계로, 돗바늘을 아래쪽(앞쪽) 바늘의 첫 코에 아래로(앞에서 뒤로) 넣어 통과시킨 다음, 위쪽(뒤쪽) 바늘의 첫 코에 위로(안면 쪽에서 겉면 쪽으로) 통과시킨다(그림 1).

2단계: 돗바늘을 아래쪽 바늘의 첫 코(1단계에서 통과시킨 그 코)에 위로 통과시키며 그 코를 바늘에서 뺀 다음, 아래쪽 바늘의 다음 코에 아래로 넣는다(그림 2).

3단계: 돗바늘을 위쪽 바늘의 첫 코(1단계에서 통과시킨 그 코)에 아래로 넣어 통과시키며 그 코를 바늘에서 빼고, 위쪽 바늘의 다음 코에 위로 넣는다(그림 3).

그 다음에는 다음과 같이 과정을 요약하여 주문을 외듯이 읊조리며 계속 잇는다.

1단계: 앞쪽 코에 위로, 빼고

2단계: 앞쪽 코에 아래로, 안 빼고

3단계: 뒤쪽 코에 아래로, 빼고

4단계: 뒤쪽 코에 위로, 안 빼고

모든 코를 다 이을 때까지 이 네 단계를 반복하고, 마지막에는 앞쪽 바늘 마지막 코에 위로 통과시킨 다음 뒤쪽 바늘 마지막 코에 아래로 통과시킨다(그림 4). 편물의 장력에 맞게 이은 실을 팽팽하게 당겨준다. 남은 실꼬리를 편물의 안쪽에 엮어 정리한다.

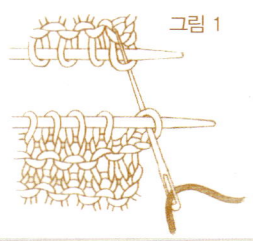
그림 1

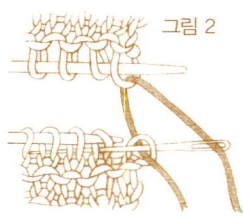
그림 2

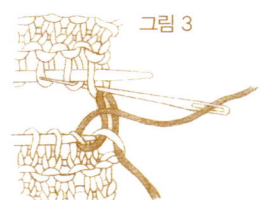
그림 3

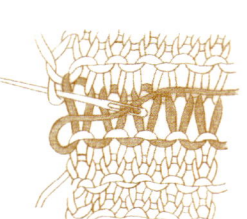
그림 4

뒤판

2.25mm 바늘로 121(131, 141, 151, 161, 171, 181)코를 만든다. 가터뜨기(모든 단 겉뜨기)로 편물이 2.5cm가 될 때까지 뜨되, 겉면 단까지 뜨고 멈춘다. 2.75mm 바늘로 바꾸어 평행사변형 차트의 1~16단을 1(1, 2, 2, 3, 3, 4)번 뜬다. → 편물이 시작단부터 약 5.5(5.5, 9.5, 9.5, 12.5, 12.5, 16)cm가 된다.

설정된 패턴대로 계속 뜨면서 [차트의 2단과 10단을 뜰 때 바늘 양끝에서 각 1코씩 줄이기]를 3번 한다. 이때 줄이는 방법은 [1코 겉뜨기, 오른코 모아뜨기, 3코 남을 때까지 겉뜨기, 2코 모아 겉뜨기, 1코 겉뜨기]로, 1단에 2코씩 준다. → 줄이기를 모두 끝내면 109(119, 129, 139, 149, 159, 169)코가 남는다.

차트의 11~16단을 1번 더 뜨고, 1~9단을 1번 더 뜬다.

설정된 패턴대로 계속 뜨면서 [차트의 2단과 10단을 뜰 때 바늘 양끝에서 각 1코씩 늘리기]를 3번 한다. 이때 늘리는 방법은 [1코 겉뜨기, 앞뒤로 겉뜨기해 1코 늘리기*, 2코 남을 때까지 겉뜨기, 앞뒤로 겉뜨기해 1코 늘리기, 1코 겉뜨기]로, 1단에 2코씩 는다. → 늘리기를 모두 끝내면 121(131, 141, 151,

> ### 주의
> 여기서는 단수가 옷 모양 만들 때 간격과 직결되므로 단수 게이지가 아주 중요하다. 진동과 뒤판 목둘레선, 소맷마루를 제외하고 코를 늘리거나 줄이는 것은 스티치 패턴의 2단과 10단에서만 한다.

161, 171, 181)코가 된다.

편물이 시작단부터 약 38(40.5, 40.5, 40.5, 43, 43, 45.5)cm가 될 때까지 설정된 패턴대로 계속 뜨되, 차트의 15단까지 뜨고 멈춘다.

진동 만들기

단의 시작 부분에서 7(8, 8, 9, 9, 12, 12)코를 코막음하면서 2단을 뜬다. → 107(115, 125, 133, 143, 147, 157)코가 남는다.

줄임단: (겉면) 겉1, 오른코 모아뜨기, 3코 남을 때까지 뜨기, 2코 모아 겉뜨기, 겉1 → 2코가 준다.

설정된 패턴을 유지하면서, 겉면 단을 뜰 때마다 위와 같은 방법으로 바늘 양쪽 끝에서 1코씩 줄이기를 5(5, 5, 6, 9, 9, 9)번 더 반복한다. → 95(103, 113, 119, 123, 127, 137)코가 남는다. 진동 길이가 14(15, 16.5, 18, 19, 20.5, 21.5)cm가 될 때까지 설정된 패턴을 유지하며 계속 뜨되, 안면 단까지 뜨고 멈춘다.

목둘레선 만들기

설정된 패턴을 유지하며 34(34, 34, 36, 38, 40, 44)코를 뜨고, 새 볼의 실을 연결하여 27(35, 45, 47, 47, 47, 49)코를 코막음하고 끝까지 뜬다. → 양쪽에 각 34(34, 34, 36, 38, 40, 44)코가 남는다. 양쪽을 각각 따로 뜨면서 겉면 단을 뜰 때마다 목둘레선 가장자리에서 1코씩 줄이기를 6번 반복한다. → 양쪽에 각 28(28, 28, 30, 32, 34, 38)코씩 남는다.

어깨선 만들기

양쪽 진동 가장자리를 뜰 때 처음에는 10(10, 10, 10, 12, 12, 14)코를 코막음하고, 다음에는 10(10, 10, 10, 10, 12, 12)코를 코막음하고, 마지막에는 남아 있는 8(8, 8, 10, 10, 10, 12)코를 코막음한다.

주머니 안감(2개)

2.75mm 바늘을 가지그 30코를 만든다. 메리야스뜨기(겉면에서 겉뜨기, 안면에서 안뜨기)로 편물이 10cm가 될 때까지 뜬다. 코들을 스티치홀더에 옮겨 쉼코로 둔다.

왼쪽 앞판

2.25mm 바늘로 69(79, 89, 99, 109, 119, 129)코를 만든다. 편물이 시작단부터 2.5cm가 될 때까지 가터뜨기를 하되, 겉면 단까지 뜬다. 2.75mm 바늘로 바꾼다.

허리 선 만들기

주의: 허리선을 만드는 도중에, 또는 그 전에 주머니 안감 달기가 시작되고, 허리선을 만드는 도중에 목둘레선 만들기가 시작되므로 먼저 다음 부분을 끝까지 읽은 다음 계속 진행한다.

다음 단: (안면) 가터뜨기로 8코를 뜨고, 콧수링을 끼우고, 평행사변형 차트의 1단을 끝까지 뜬다.

설정된 패턴을 유지하면서 차트의 1~16단을 1(1, 2, 2, 3, 3, 4)번 뜨고 나서 다음과 같이 허리선을 만든다.

설정된 패턴대로 계속 뜨면서 [차트의 2단과 10단을 뜰 때 옆선 가장자리에서 1코 줄이기]를 3번 한다. 이때 줄이는 방법은 [1코 겉뜨기, 오른코 모아뜨기, 설정된 패턴대로 끝까지 뜨기]로, 1단에 1코씩 준다. → 총 6코가 준다.

차트의 11~16단을 뜨고, 1~9단을 1번 더 뜬다.

설정된 패턴대로 계속 뜨면서 [차트의 10단과 2단을 뜰 때 옆선 가장자리에서 1코 늘리기]를 3번 한다. 이때 늘리는 방법은 [1코 겉뜨기, 앞뒤로 겉뜨기해 1코 늘리기, 설정된 패턴대로 끝까지 뜨기]로, 1단에

1코씩 는다. → 총 6코가 는다.

주머니 안감 달기

위의 작업을 하는 동시에 차트의 1~16단을 3번 반복하고(차트대로 48단을 뜨고) 나서 1단을 1번 더 뜬 다음, 다음과 같은 방법으로 주머니 안감을 넣는다.

차트의 2단을 뜨며 허리선을 만들 때, 57코가 남을 때까지 뜬 다음 30코를 홀더에 옮겨 쉼코로 두고, 쉼코로 두었던 주머니 안감의 30코를 겉뜨기한 다음 남은 코들을 패턴대로 끝까지 뜬다.

차트의 1~16단을 총 7(7, 5, 5, 5, 4, 4)번 반복하고 1단을 1번 더 뜬 다음 동시에 목둘레선 만들기를 시작한다.

목둘레선 만들기

주의: 목둘레선 만들기가 끝나기 전에 진동 만들기가 시작되므로, 다음 부분을 끝까지 읽은 다음 계속 진행한다.

차트의 2단과 10단에서 코를 줄여 목둘레선을 만드는데, 코줄임은 사이즈 따라 다음과 같이 한다.

사이즈 78.5cm

2단과 10단: 콧수링 앞 3코 남을 때까지 패턴대로 뜨기, 2코 모아 겉뜨기, 끝까지 겉뜨기. → 1단에 1코씩 준다.

2단과 10단에서 코 줄이기를 4번 더 한다. → 10코가 준다.

다음 번 2단: 콧수링 앞 3코 남을 때까지 패턴대로 뜨기, 2코 모아 겉뜨기, 끝까지 겉뜨기. → 1코가 준다.

다음 번 10단: 콧수링 앞 4코 남을 때까지 패턴대로 뜨기, 3코 모아 겉뜨기, 끝까지 겉뜨기. → 2코가 준다.

위와 같이 2단과 10단에서 코 줄이기를 2번 더 한 다음, 2단에서 줄이기만 1번 더 한다. → 10코가 준다. 목둘레선에서 총 20코가 준다.

사이즈 86.5cm

2단: 콧수링 앞 3코 남을 때까지 패턴대로 뜨기, 2코 모아 겉뜨기, 끝까지 겉뜨기. → 1코가 준다.

10단: 콧수링 앞 4코 남을 때까지 패턴대로 뜨기, 3코 모아 겉뜨기, 끝까지 겉뜨기. → 2코가 준다.

위와 같이 2단과 10단에서 코 줄이기를 8번 더 반복한다. → 27코가 준다.

다음 번 2단: 콧수링 앞 4코 남을 때까지 패턴대로 뜨기, 3코 모아 겉뜨기, 끝까지 겉뜨기. → 2코가 준다. 목둘레선에서 총 29코가 준다.

사이즈 92.5cm

2단: 콧수링 앞 3코 남을 때까지 패턴대로 뜨기, 2코 모아 겉뜨기, 끝까지 겉뜨기. → 1코가 준다.

10단: 콧수링 앞 4코 남을 때까지 패턴대로 뜨기, 3코 모아 겉뜨기, 끝까지 겉뜨기. → 2코가 준다.

위와 같이 2단과 10단에서 코 줄이기를 4번 더 반복한다. → 15코가 준다.

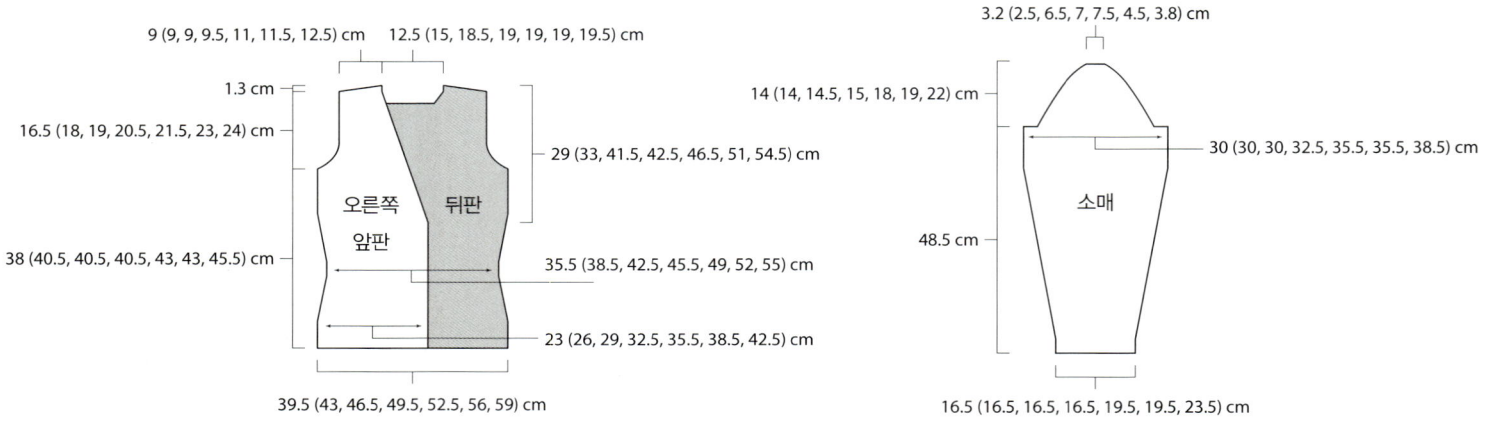

9 (9, 9, 9.5, 11, 11.5, 12.5) cm   12.5 (15, 18.5, 19, 19, 19, 19.5) cm

1.3 cm

16.5 (18, 19, 20.5, 21.5, 23, 24) cm

29 (33, 41.5, 42.5, 46.5, 51, 54.5) cm

오른쪽 앞판   뒤판

38 (40.5, 40.5, 40.5, 43, 43, 45.5) cm

35.5 (38.5, 42.5, 45.5, 49, 52, 55) cm

23 (26, 29, 32.5, 35.5, 38.5, 42.5) cm

39.5 (43, 46.5, 49.5, 52.5, 56, 59) cm

3.2 (2.5, 6.5, 7, 7.5, 4.5, 3.8) cm

14 (14, 14.5, 15, 18, 19, 22) cm

30 (30, 30, 32.5, 35.5, 35.5, 38.5) cm

소매

48.5 cm

16.5 (16.5, 16.5, 16.5, 19.5, 19.5, 23.5) cm

다음 번 2단과 10단: 콧수링 앞 4코 남을 때까지 패턴대로 뜨기, 3코 모아 겉뜨기, 끝까지 겉뜨기. → 1단에 2코씩 준다.

위와 같이 2단과 10단에서 코 줄이기를 5번 더 한다. → 24코가 준다. 목둘레선에서 총 39코가 준다.

사이즈 99cm

2단: 콧수링 앞 3코 남을 때까지 패턴대로 뜨기, 2코 모아 겉뜨기, 끝까지 겉뜨기 → 1코가 준다.

10단: 콧수링 앞 4코 남을 때까지 패턴대로 뜨기, 3코 모아 겉뜨기, 끝까지 겉뜨기 → 2코가 준다.

위와 같이 2단과 10단에서 코 줄이기를 2번 더 한다. → 9코가 준다.

다음 번 2단과 10단: 콧수링 앞 4코 남을 때까지 패턴대로 뜨기, 3코 모아 겉뜨기, 끝까지 겉뜨기. → 1단에 2코씩 준다.

위와 같이 2단과 10단에서 코 줄이기를 8번 더 반복한다. → 36코가 준다. 목둘레선에서 총 45코가 준다.

사이즈 105.5cm

2단과 10단: 콧수링 앞 3코 남을 때까지 패턴대로 뜨기, 2코 모아 겉뜨기, 끝까지 겉뜨기 → 1단에 1코씩 준다. 총 2코가 준다.

다음 번 2단과 10단: 콧수링 앞 4코 남을 때까지 패턴대로 뜨기, 3코 모아 겉뜨기, 끝까지 겉뜨기. → 1단에 2코씩 준다.

위와 같이 2단과 10단에서 코 줄이기를 11번 더 반복한다. → 48코가 준다. 목둘레선에서 총 50코가 준다.

사이즈 112(118)cm

2단: 콧수링 앞 3코 남을 때까지 패턴대로 뜨기, 2코 모아 겉뜨기, 끝까지 겉뜨기. → 1코가 준다.

10단: 콧수링 앞 4코 남을 때까지 패턴대로 뜨기, 3코 모아 겉뜨기, 끝까지 겉뜨기. → 2코가 준다. 총 3코가 준다.

다음 번 2단과 10단: 콧수링 앞 4코 남을 때까지 패턴대로 뜨기, 3코 모아 겉뜨기, 끝까지 겉뜨기. → 1단에 2코씩 준다.

위와 같이 2단과 10단에서 코 줄이기를 12(13)번 더 하고, 2단만 0(1)번 더 뜬다. → 52(58)코가 준다. 목둘레선에서 총 55(61)코가 준다.

모든 사이즈

위와 동시에, 편물의 길이가 뒤판의 진동이 시작되는 위치와 같아질 때까지 계속 뜨다가 차트의 15단까지 뜨고 멈춘다.

진동 만들기

목둘레선 만들기를 계속하면서, 진동 가장자리(겉면 단의 시작 부분)에서 7(8, 8, 9, 9, 12, 12)코를 코막음한다.

1단(안면)을 그냥 뜬다.

줄임단: (겉면) 겉1, 오른코 모아뜨기, 끝까지 뜨기. → 진동에서 1코가 준다.

위와 같이 모든 겉면 단 진동에서 1코 줄이기를 5(5, 5, 6, 9, 9, 9)번 더 반복한다. 진동 길이가 16.5(18, 19, 20.5, 21.5, 23, 24)cm가 될 때까지 계속 뜨되, 안면 단까지 뜨고 멈춘다. → 진동과 목둘레선 만들기가 모두 끝나면 36(36, 36, 38, 40, 42, 46)코가 남는다.

평행사변형 차트

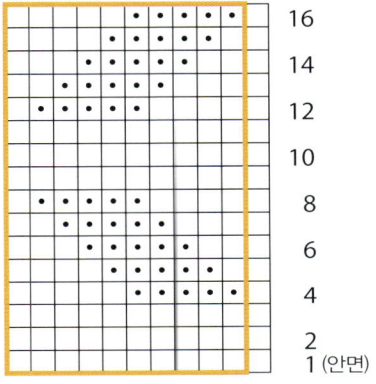

겉면에서 겉뜨기, 안면에서 안뜨기

· 겉면에서 안뜨기, 안면에서 겉뜨기

반복 단위

어깨선 만들기

패턴대로 뜨면서 진동 가장자리(겉면 단 시작부분)를
뜰 때 처음에는 10(10, 10, 10, 12, 12, 14)코를
코막음하고, 다음에는 10(10, 10, 10, 10, 12,
12)코를 코막음하고, 마지막에는 남아 있는 8(8, 8,
10, 10, 10, 12)코를 코막음한다. → 단추 달 앞단의
8코가 남는다. 남은 코들을 홀더에 옮겨
쉼코로 둔다.

오른쪽 앞판

2.25mm 바늘로 69(79, 89, 99, 109, 119, 129)코를
만든다. 편물이 시작단부터 2.5cm가 될 때까지
가터뜨기를 하되, 겉면 단까지 뜬다. 2.75mm 바늘로
바꾼다.

허리선 만들기

주의: 단춧구멍은 목둘레선 만들기가 시작될 때까지
만들고, 주머니 안감은 허리선을 만드는 도중 또는
그 이전에 달기 시작하며, 목둘레선은 허리선을
만드는 도중에 만들기 시작하므로 먼저 다음 부분을
끝까지 읽은 다음 계속 진행한다.

다음 단: (안면, 단춧구멍 만들기 단) 8코가 남을
때까지 평행사변형 차트의 1단을 뜨고, 콧수링을
끼우고, 3코 겉뜨기하고, 3코 코막음하고,
끝까지 뜬다.

다음 단을 뜰 때는 3코 코막음한 위치에서
꽈배기식 코 만들기* 방법으로 3코를 만든다.
목둘레선 만들기가 시작되기 전까지는 차트의
1단을 뜰 때마다 단춧구멍을 만든다. 동시에 차트의
1~16단을 1(1, 2, 2, 3, 3, 4)번 뜨고 나서 다음과
같이 허리선을 만든다.

설정된 패턴대로 계속 뜨면서 [차트의 2단과 10단을
뜰 때 옆선 가장자리에서 1코 줄이기]를 3번 한다.
이때 줄이는 방법은 [3코 남을 때까지 패턴대로
뜨기, 2코 모아 겉뜨기, 1코 겉뜨기]로, 1단에 1코씩
준다. → 총 6코가 준다.

차트의 11~16단을 뜨고, 1~9단을 1번 더 뜬다.
설정된 패턴대로 계속 뜨면서 [차트의 10단과 2단을
뜰 때 옆선 가장자리에서 1코 늘리기]를 3번 한다.
이때 늘리는 방법은 [2코 남을 때까지 패턴대로
뜨기, 앞뒤로 겉뜨기해 1코 늘리기, 1코 겉뜨기]로,
1단에 1코씩 는다. → 총 6코가 는다.

주머니 달기

위의 작업을 하는 동시에, 차트의 1~16단을 3번
반복하고(차트대로 48단을 뜨고) 나서 1단을 1번
더 뜬 뒤에 다음과 같은 방법으로 주머니 안감을
넣는다.

차트의 2단을 패턴대로 27코 뜨고, 다음 30코를
홀더에 옮겨 쉼코로 두고, 쉼코로 두었던 주머니
안감의 30코를 겉뜨기한 다음, 설정된 대로
허리선을 만들면서 끝까지 뜬다. 남은 코들을
패턴대로 끝까지 뜬다.

차트의 1~16단을 총 7(7, 5, 5, 5, 4, 4)번 반복한
뒤에는, 1단을 1번 더 뜬 다음에 위의 작업들과
병행하여 목둘레선 만들기도 시작한다.

목둘레선 만들기

주의: 목둘레선 만들기가 끝나기 전에 진동 만들기가
시작되므로, 다음 부분을 끝까지 읽은 다음 계속
진행한다.

차트의 2단과 10단에서 코를 줄여 목둘레선을
만드는데, 코줄임은 사이즈에 따라 다음과 같이
한다.

사이즈 78.5cm

2단과 10단: 콧수링 앞까지 겉뜨기, 겉1, 오른코 모아뜨기, 패턴대로 끝까지 뜨기. → 1단에 1코씩 준다.

2단과 10단에서 코 줄이기를 4번 더 한다. → 10코가 준다.

다음 번 2단: 콧수링 앞까지 겉뜨기, 겉1, 오른코 모아뜨기, 패턴대로 끝까지 뜨기. → 1코가 준다.

다음 번 10단: 콧수링 앞까지 겉뜨기, 겉1, 오른코 3코 모아뜨기*, 패턴대로 끝까지 뜨기. → 2코가 준다.

위와 같이 2단과 10단에서 코 줄이기를 2번 더 한 다음, 2단에서 줄이기만 1번 더 한다. → 10코가 준다. 목둘레선에서 총 20코가 준다.

사이즈 86.5cm

2단: 콧수링 앞까지 겉뜨기, 겉1, 오른코 모아뜨기, 패턴대로 끝까지 뜨기. → 1코가 준다.

10단: 콧수링 앞까지 겉뜨기, 겉1, 오른코 3코 모아뜨기*, 패턴대로 끝까지 뜨기. → 2코가 준다.

위와 같이 2단과 10단에서 코 줄이기를 8번 더 반복한다. → 27코가 준다.

다음 번 2단: 콧수링 앞까지 겉뜨기, 겉1, 오른코 3코 모아뜨기, *패턴대로 끝까지 뜨기. → 2코가 준다. 목둘레선에서 총 29코가 준다.

사이즈 92.5cm

2단: 콧수링 앞까지 겉뜨기, 겉1, 오른코 모아뜨기, 패턴대로 끝까지 뜨기. → 1코가 준다.

10단: 콧수링 앞까지 겉뜨기, 겉1, 오른코 3코 모아뜨기*, 패턴대로 끝까지 뜨기. → 2코가 준다.

위와 같이 2단과 10단에서 코 줄이기를 4번 더 반복한다. → 15코가 준다.

다음 번 2단과 10단: 콧수링 앞까지 겉뜨기, 겉1, 오른코 3코 모아뜨기, 패턴대로 끝까지 겉뜨기. → 1단에 2코씩 준다.

위와 같이 2단과 10단에서 코 줄이기를 5번 더 한다. → 24코가 준다. 목둘레선에서 총 39코가 준다.

사이즈 99cm

2단: 콧수링 앞까지 겉뜨기, 겉1, 오른코 모아뜨기, 패턴대로 끝까지 겉뜨기 → 1코가 준다.

10단: 콧수링 앞까지 겉뜨기, 겉1, 오른코 3코 모아뜨기*, 패턴대로 끝까지 뜨기 → 2코가 준다.

위와 같이 2단과 10단에서 코 줄이기를 2번 더 한다. → 9코가 준다.

다음 번 2단과 10단: 콧수링 앞까지 겉뜨기, 겉1, 오른코 3코 모아뜨기, 패턴대로 끝까지 겉뜨기. → 1단에 2코씩 준다.

위와 같이 2단과 10단에서 코 줄이기를 8번 더 반복한다. → 36코가 준다. 목둘레선에서 총 45코가 준다.

사이즈 105.5cm

2단과 10단: 콧수링 앞까지 겉뜨기, 겉1, 오른코 모아뜨기, 패턴대로 끝까지 뜨기 → 1단에 1코씩 총 2코가 준다.

다음 번 2단과 10단: 콧수링 앞까지 겉뜨기, 겉1, 오른코 3코 모아뜨기*, 패턴대로 끝까지 뜨기. → 1단에 2코씩 준다.

위와 같이 2단과 10단에서 코 줄이기를 11번 더 반복한다. → 48코가 준다. 목둘레선에서 총 50코가 준다.

사이즈 112(118)cm

2단: 콧수링 앞까지 겉뜨기, 겉1, 오른코 모아뜨기, 패턴대로 끝까지 뜨기. → 1코가 준다.

10단: 콧수링 앞까지 겉뜨기, 겉1, 오른코 3코 모아뜨기*, 패턴대로 끝까지 뜨기. → 2코가 준다. 총 3코가 준다.

다음 번 2단과 10단: 콧수링 앞까지 겉뜨기, 겉1, 오른코 3코 모아뜨기, *패턴대로 끝까지 겉뜨기. → 1단에 2코씩 준다.

위와 같이 2단과 10단에서 코 줄이기를 12(13)번 더 하고, 2단만 0(1)번 더 뜬다. → 52(58)코가 준다. 목둘레선에서 총 55(61)코가 준다.

모든 사이즈

위와 동시에, 편물의 길이가 뒤판의 진동이 시작되는 위치와 같아질 때까지 계속 뜨다가 차트의 16단까지 뜨고 멈춘다.

진동 만들기

목둘레선 만들기를 계속하면서, 겨드랑이 가장자리(안면 단의 시작 부분)에서 7(8, 8, 9, 9, 12, 12)코를 코막음한다.

줄임단: (겉면) 3코 남을 때까지 뜨기, 2코 모아 겉뜨기, 겉1. → 진동에서 1코가 준다.

위와 같이 모든 겉면 단 진동에서 1코 줄이기를 5(5, 5, 6, 9, 9, 9)번 더 반복한다. 진동 길이가 16.5(18, 19, 20.5, 21.5, 23, 24)cm가 될 때까지 계속 뜨되, 겉면 단까지 뜨고 멈춘다. → 진동과 목둘레선 만들기가 모두 끝나면 36(36, 36, 38, 40, 42, 46)코가 남는다.

어깨선 만들기

패턴대로 뜨면서 진동 가장자리(안면 단 시작부분)를 뜰 때 처음에는 10(10, 10, 10, 12, 12, 14)코를 코막음하고, 다음에는 10(10, 10, 10, 10, 12, 12)코를 코막음하고, 마지막에는 남아 있는 8(8, 8, 10, 10, 10, 12)코를 코막음한다. → 단춧구멍 앞단의 8코가 남는다. 남은 코들을 홀더에 옮겨 쉼코로 둔다.

소매

2.25mm 바늘을 가지고 51(51, 51, 51, 61, 61, 71)코를 만든다. 가터뜨기로 10단을 뜬다. 2.75mm 바늘로 바꾸어 평행사변형 차트의 1~9단을 뜬다.

늘림단: (차트의 10단) 겉1, 1코 만들기(82쪽 참고), 1코 남을 때까지 뜨기, 1코 만들기, 겉1. → 2코가 는다.

차트의 2단과 10단에서 늘림단 뜨기를, 늘림단을 총 20(20, 20, 24, 24, 24, 24)번 뜰 때까지 반복한다. 새로 생긴 코에도 모두 패턴을 적용한다. → 91(91, 91, 99, 109, 109, 119)코.

편물이 시작단부터 48.5cm가 될 때까지, 또는 겨드랑이까지 원하는 길이가 될 때까지 설정된 패턴대로 계속 뜨되, 안면 단까지 뜨고 멈춘다.

소맷마루 만들기

단의 시작부분에서 7(8, 8, 9, 9, 12, 12)코씩 코막음하면서 2단을 뜬다. → 77(75, 75, 81, 91, 85, 95)코가 남는다.

줄임단: (겉면) 겉1, 오른코 모아뜨기, 3코 남을 때까지 패턴대로 뜨기, 2코 모아 겉뜨기, 겉1. → 2코가 준다.

첫 3코와 마지막 3코는 메리야스뜨기를 하고, 가운데 코는 설정된 패턴대로 뜨면서, 겉면 단에서 줄임단 뜨기를 7(7, 7, 9, 9, 11, 13)번 더 반복한다. → 61(59, 59, 61, 71, 61, 67)가 남는다.

[3단 그냥 뜨고 4단째에 줄임단 뜨기]를 6(6, 8, 8, 10, 10, 12)번 더 반복한다. → 49(47, 43, 45, 51, 41, 43)코가 남는다.

모든 겉면 단에서 줄임단 뜨기를 6(6, 8, 8, 10, 10, 12)번 더 반복한다. → 37(35, 27, 29, 31, 21, 19)코가 남는다.

사이즈 78.5(86.5)cm

다음 단: (겉면) 겉1, 오른코 모아뜨기, 3코 남을 때까지 패턴대로 뜨기, 2코 모아 겉뜨기, 겉1. → 2코가 준다.

다음 단: (안면) 안1, 2코 모아 안뜨기, 3코 남을 때까지 패턴대로 뜨기, 안뜨기에서 오른코 줄이기*, 안1. → 2코가 준다.

위의 2단을 4번 더 반복한다. → 17(15)코가 남는다.

모든 사이즈

단의 시작부분에서 2코씩 코막음하면서 4단을 뜬다. → 9(7, 19, 21, 23, 13, 11)코가 남는다. 모든 코를 코막음한다.

마무리

남은 실꼬리를 편물에 엮어 정리하고, 치수에 맞추어 블로킹한다. 실을 돗바늘에 끼워 앞판과 뒤판의 어깨선을 꿰매고, 소맷마루를 진동에 꿰맨다. 소매와 옆선의 솔기를 꿰맨다.

주머니 테두리

겉면을 마주본 채 쉼코로 둔 주머니의 30코를 2.25mm 바늘에 옮긴다. 가터뜨기로 6단을 뜬다. 겉면을 마주본 채 모든 코를 안뜨기 방향으로 코막음한다. 주머니 테두리의 양옆을 앞판에 꿰매고, 주머니 안감을 스웨터의 안면에 꿰맨다.

목둘레단

쉼코로 두었던 왼쪽 앞판의 단추 앞단 8코를 2.25mm 바늘에 옮긴다. 안면을 마주보고 ※겉7, 실을 편물 앞에 둔 채 겉뜨기하듯이 1코 걸러뜨기, 뒤판 목둘레선 가장자리에서 안뜨기로 1코 줍기*, 걸러뜬 코로 주운 코 덮어씌우기. 편물 돌리기, 실을 편물 뒤로 둔 채 1코 걸러뜨기, 겉7. 뒤판 목둘레선 가운데에 도달할 때까지 ※표한 부분 반복. 목둘레선의 경사 부분에서 4코를, 코막음한 뒤판 목둘레선에서 총 8(10, 13, 14, 14, 14, 15)코를 줍는다. 코들을 홀더에 옮겨 쉼코로 둔다.

쉼코로 두었던 오른쪽 앞판의 단춧구멍 앞단 8코를 2.25mm 바늘에 옮긴다. 겉면을 마주보고, *겉7, 실을 편물 뒤로 둔 채 겉뜨기하듯이 1코 걸러뜨기, 뒤판 목둘레선 가장자리에서 1코 줍기, 걸러뜬 코로 주운 코 덮어씌우기. 편물 돌리기, 겉8. 뒤판 목둘레선 가운데에 도달할 때까지 ※표한 부분 반복. 목둘레선 경사 부분에서 4코를, 코막음한 뒤판 목둘레선에서 8(10, 13, 14, 14, 14, 15)코를 줍는다.

돗바늘에 실을 끼워, 가터뜨기한 편물 잇기(88쪽 참고) 방법으로 단추 앞단과 단춧구멍 앞단의 8코를 서로 연결한다.

Baltic mittens + beret

발틱 벙어리장갑과 베레모

스웨덴 보후스Bohus 니팅 워크숍의 색색 가지 무늬를 넣어 만드는 스트랜디드 편물 디자인은 1930년대 후반부터 1960년대까지 그 꼼꼼한 세부와 혁신적인 디자인과 색상, 제작에 대한 엄격한 기준으로 널리 이름을 알렸다. 전통적인 방식에서는 앙고라와 메리노를 혼합한 아주 가느다란 실로 뜨기 때문에 미세한 털들이 내는 후광효과가 특히 아름다웠다. 다른 색 실들을 번갈아 떠서 무늬를 만들고 여기에 매 단마다 또 다른 제3의 색—때로는 제4나 제5의 색까지—실로 뜬 안뜨기코로 액센트를 준다. 이 장갑과 베레모 세트는 원조 보후스 뜨개와는 털실에 혼합된 원료도 다르고 게이지도 다르지만 바로 그 아름다운 전통 뜨개기법에서 영감을 얻어서, 가느다란 중세사로 4가지 색깔을 조합한 기하학적 무늬에 안뜨기 코로 액센트를 주고 몇 단에 한 번씩 또 다른 색깔을 바꾸어 가며 최상의 효과를 이끌어냈다. 특히 장갑에는 메리야스뜨기로 된 안감을 넣어 따뜻함과 부드러움을 한층 더했다.

완성 사이즈

벙어리장갑: 바깥쪽 둘레 약 21.5cm, 길이 약 28cm. 손바닥 둘레 19cm에 잘 맞는 사이즈.

베레모: 늘이지 않은 상태의 고무단 둘레 약 40.5cm, 늘였을 때 약 53.5cm. 가장 넓은 부분 둘레가 63cm, 시작단부터 모자 정수리까지 길이 약 21.5cm

실

굵기: 중세사(Fingering)

견본에 사용한 실: The Fibre Company의 Canopy Fingering(베이비 알파카 50%, 메리노 울 30%, 뱀부 20%, 183m/50g) 색상기호: blue quandons(바탕색) 2볼, palm bud(라벤더 색, 배색 1), fern(녹색, 배색 2), orchid(흰색, 배색 3)

바늘

장갑 손: 3.25mm 양끝이 뾰족한 막대바늘 4~5개

장갑 커프와 안감: 2.25mm 양끝이 뾰족한 막대바늘 4~5개

베레모 몸판: 3.25mm 양끝이 뾰족한 막대바늘 4~5개, 50cm 줄바늘

베레모 고무단: 2.25mm 40cm 줄바늘

게이지가 정확히 맞지 않으면 바늘 굵기를 바꿔서 조정한다.

기타 준비물

게이지가 비슷하고 부드러운 다른 실. 콧수링, 스티치홀더, 돗바늘

게이지

3.25mm 바늘로 차트의 무늬를 원통뜨기했을 때 31코 33단=가로 세로 10cm

디자인: 케이트 개그넌 오스본

벙어리장갑

손

바탕색 실과 다른 실 그리고 2.25mm 막대바늘로 임시코 만들기* 방법을 이용해 58코를 만든다. 이 코들을 3~4개의 막대바늘에 콧수가 고루 분배되도록 나누고, 콧수링을 끼우고, 코들이 꼬이지 않도록 조심하면서 원통뜨기를 할 수 있도록 양끝을 연결한다. 장갑 차트의 1~9단을 뜨면서 차트에 표시된 대로 코를 늘려간다. → 66코가 된다. 3.25mm 바늘로 바꾸어 차트의 10~47단까지 뜬다.

엄지 구멍

다음 단(차트의 48단)을 다음과 같이 뜬다.

오른쪽 장갑: 패턴대로 오른쪽 엄지 위치 앞까지 뜨고 11코를 스티치홀더에 옮겨 쉼코로 두고, 바탕색 실을 가지고 감아 코 만들기* 방법으로 쉼코를 가로질러 11코를 만든 다음 패턴대로 단의 끝까지 뜬다.

왼쪽 장갑: 패턴대로 왼쪽 엄지 위치 앞까지 뜨고 11코를 스티치홀더에 옮겨 쉼코로 두고, 바탕색 실로 감아 코 만들기 방법으로 11코를 만든 다음 패턴대로 단의 끝까지 뜬다.

양쪽 공통: 차트에 표시된 대로 코를 줄이며 49~93단을 뜬다. → 26코가 남는다. 손등 쪽의 13코와 손바닥 쪽의 13코를 두 개의 막대바늘에 각각 나눈다. 편물의 안면이 마주 닿도록 두 바늘을 평행으로 들고서 키치너 스티치*로 코들을 연결한다.

엄지

다음과 같이 코를 줍는다.

오른쪽 장갑: 쉼코 11코를 막대바늘에 옮긴다. 바탕색 실을 가지고 겉면을 마주본 채 엄지의 11코를 겉뜨기하고, 엄지 구멍 옆에서 1코를 줍고, 만든 코 11코를 따라 11코를 줍고, 콧수링을 끼워 단의 시작위치를 표시하고(손과 엄지의 무늬가 연결되게 하기 위해서 아주 중요한 과정이다). 반대쪽 엄지 구멍 옆에서 또 1코를 줍는다. → 총 24코

왼쪽 장갑: 쉼코 11코를 막대바늘에 옮긴다. 바탕색 실을 가지고 겉면을 마주본 채 11코를 겉뜨기하고, 엄지 구멍 옆에서 1코를 줍고, 만든 코 11코를 따라 11코를 줍고, 반대쪽 엄지 구멍 옆에서 또 1코를

보후스 뜨개의 요령

보후스 뜨개는 의외로 간단해서, 몇 가지만 명심하면 최상의 결과를 낼 수 있다.

━━━ 안뜨기를 한 다음 겉뜨기를 할 때는, 안뜨기가 끝난 실을 반드시 편물 뒤로 돌린 다음에 겉뜨기로 넘어가야 한다.

━━━ 한 단에서 2가지 색 이상의 실들을 사용할 때는 편물 뒤쪽에서 실을 끌어 옮길 때 반드시 각 실들의 배치를 미리 지정해두어야 한다. 한 실을 '위로' 가져가고 다른 실을 '아래로' 가져가기만 하는 것이 아니라, 동시에 또 한 실은 '가운데로' 가져가야 하기 때문이다. 한 단을 다 뜨는 동안 반드시 이 실들의 배치를 그대로 유지해야 한다.

━━━ 직접 원하는 색상의 실들을 골라 색상 조합을 할 때는 패턴을 떴을 때 색상들의 어우러짐뿐 아니라, 안뜨기를 한 코의 색상이 아랫단에서 볼록하게 도드라질 때 색상배합에 어떤 영향을 미칠 것인지도 고려해야 한다.

━━━ 장갑을 뜰 때는 뜨지 않는 실을 편물 안쪽에서 옆으로 끌어간다. 안감이 편물의 안면을 감춰줄 것이므로 실꼬리를 따로 자르고 정리할 필요는 없다. 그러나 장갑 안감을 뜰 때는 (엄지손가락 구멍 위로 1인치 이상 뜬 뒤) 코줄임을 시작하기 전에, (물론 뜨고 있는 실을 제외하고) 남은 실꼬리들부터 모두 정리한다. 일단 손의 윗부분과 엄지의 윗부분을 다 만들고 나면 편물 안쪽(안면)에 손이 닿지 않기 때문이다.

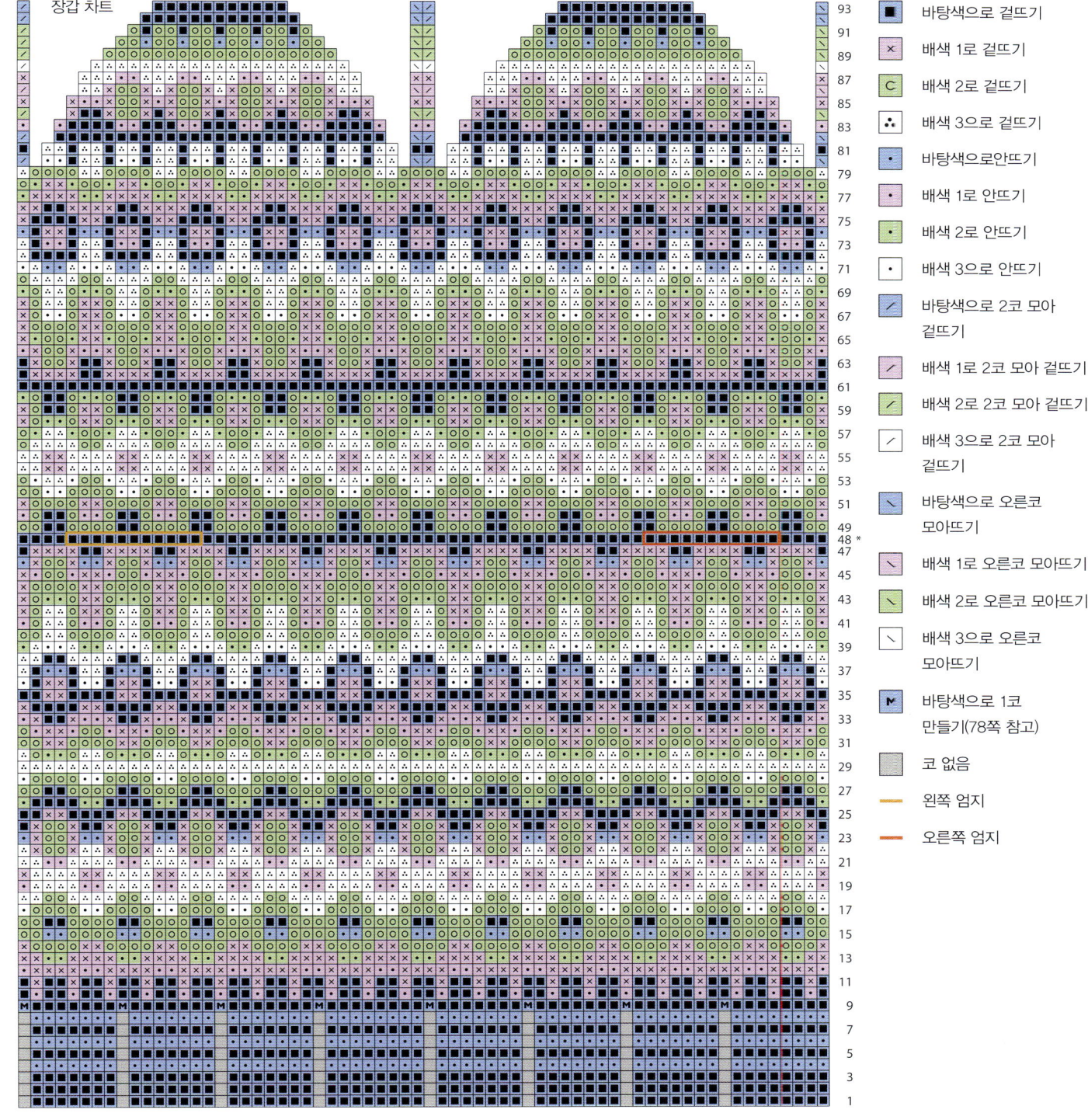

장갑 차트

■	바탕색으로 겉뜨기
✕	배색 1로 겉뜨기
C	배색 2로 겉뜨기
∴	배색 3으로 겉뜨기
•	바탕색으로안뜨기
•	배색 1로 안뜨기
○	배색 2로 안뜨기
·	배색 3으로 안뜨기
◿	바탕색으로 2코 모아 겉뜨기
╱	배색 1로 2코 모아 겉뜨기
╱	배색 2로 2코 모아 겉뜨기
╱	배색 3으로 2코 모아 겉뜨기
◥	바탕색으로 오른코 모아뜨기
╲	배색 1로 오른코 모아뜨기
╲	배색 2로 오른코 모아뜨기
╲	배색 3으로 오른코 모아뜨기
M	바탕색으로 1코 만들기(78쪽 참고)
▨	코 없음
—	왼쪽 엄지
—	오른쪽 엄지

줍는다. 콧수링을 끼워 단의 시작위치를 표시한다.
→ 총 24코

양쪽 공통: 엄지 차트의 1~20단을 뜬다. → 6코가
남는다. 실을 자르고 실꼬리를 돗바늘에 끼워 남은
코들에 통과시켜 단단히 당겨 구멍을 막고 편물
안쪽에서 실을 고정한다. 남은 실꼬리를 편물에
엮어 정리한다.

안감

임시코를 잡고 있던 다른 실을 풀어내고 드러난
코들을 2.25mm 막대바늘에 조심스럽게 끼운다.
→ 58코. 코들을 3~4개의 막대바늘에 최대한
콧수가 고루 분배되도록 나누고 콧수링을 끼운 다음
원통뜨기를 할 수 있도록 양끝을 연결한다. 편물이
커프의 가터 테두리부터 약 11.5cm가 될 때까지

메리야스뜨기(모든 단 겉뜨기)를 한다.

오른쪽 장갑

14코가 남을 때까지 겉뜨기하고, 9코를
스티치홀더에 옮기고, 감아 코 만들기 방법으로
9코를 만들고, 단 끝까지 5코를 겉뜨기한다.

왼쪽 장갑

5코 겉뜨기, 9코 스티치홀더에 옮기기, 감아 코
만들기 방법으로 9코 만들기, 끝까지 겉뜨기.

양쪽 공통

편물이 가터 테두리부터 약 20.5cm가 될 때까지
뜨고, 실꼬리를 정리한다(94쪽 사이드바 참고).

다음 단: 겉29, 콧수링 끼우기, 끝까지 겉뜨기.

줄임단: ※오른코 모아뜨기, 콧수링 앞 2코 남을
때까지 겉뜨기, 2코 모아 겉뜨기. ※표한 부분 1번
반복. → 4코가 준다.

1단을 그냥 뜬다.

[줄임단 1단, 그냥 1단] 뜨기를 3번 더 반복한다. →
42코가 남는다.

줄임단만 연달아 6단을 뜬다. → 18코가 남는다.

손등 쪽 9코와 손바닥 쪽 9코를 2개의 막대바늘에
나눈다. 편물의 안쪽이 맞닿도록 두 바늘을
평행으로 들고 키치너 스티치로 코들을 연결한다.

엄지(양쪽 공통)

쉼코로 둔 엄지의 9코를 2.25mm 막대바늘에
옮긴다. 겉면을 마주보고 바탕색 실로 엄지의 9코를
겉뜨기하고, 엄지 구멍 옆에서 1코를 줍고, 만든 코
9코를 따라 9코를 줍고, 콧수링을 끼우고, 반대쪽
엄지 구멍 옆에서 또 1코를 줍는다. → 총 20코.
코를 주운 부분부터 4.5cm가 될 때까지
메리야스뜨기를 한다.

엄지 차트

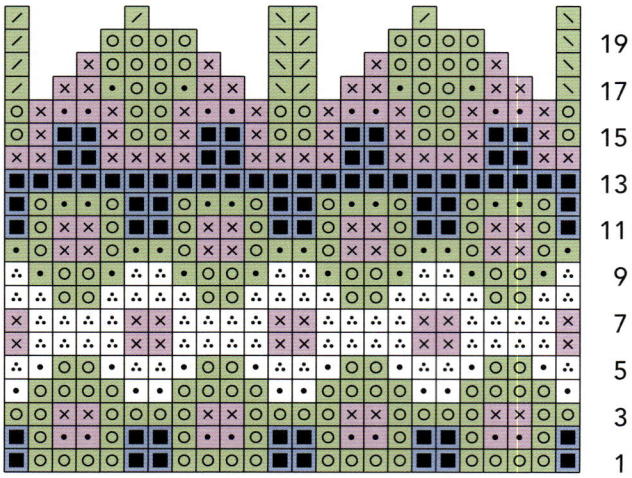

■	바탕색으로 겉뜨기	· (초록)	배색 2로 안뜨기
×	배색 1로 겉뜨기	·	배색 3으로 안뜨기
○	배색 2로 겉뜨기	／	배색 2로 2코 모아 겉뜨기
∴	배색 3으로 겉뜨기	＼	배색 2로 오른코 모아뜨기
·	배색 1로 안뜨기		

19 17 15 13 11 9 7 5 3 1

다음 단: 겉10, 콧수링 끼우기, 끝까지 겉뜨기.

줄임단: ※오른코 모아뜨기, 콧수링 앞 2코 남을 때까지 겉뜨기, 2코 모아 겉뜨기. ※표한 부분 1번 반복. → 4코가 준다.

연달아 줄임단을 2단 더 뜬다. → 8코가 남는다.

다음 단: ※오른코 모아뜨기, 2코 모아 겉뜨기. ※표한 부분 1번 반복. → 4코가 남는다.

실을 자르고 실꼬리를 남은 코에 통과시켜 단단히 당겨 구멍을 막고 안면에서 실을 고정한다. 남은 실꼬리를 편물에 엮어 정리한다.

베레모

바탕색 실과 2.25㎜ 바늘을 가지고 144코를 만든다. 콧수링을 끼우고 코들이 꼬이지 않도록 조심하며 원통뜨기틀 하도록 양끝을 연결한다. 편물이 시작단부터 약 3.2cm가 될 때까지 1코 고무뜨기를 한다.

늘림단: ※겉2, 앞뒤로 겉뜨기해 1코 늘리기*. ※표한 부분을 끝까지 반복한다. → 192코.

3.25㎜ 줄바늘로 바꾸어, 베레모 차트의 1〜66단을 뜬다. 도중에 필요하면 막대바늘로 바꾼다. → 8코가 남는다.

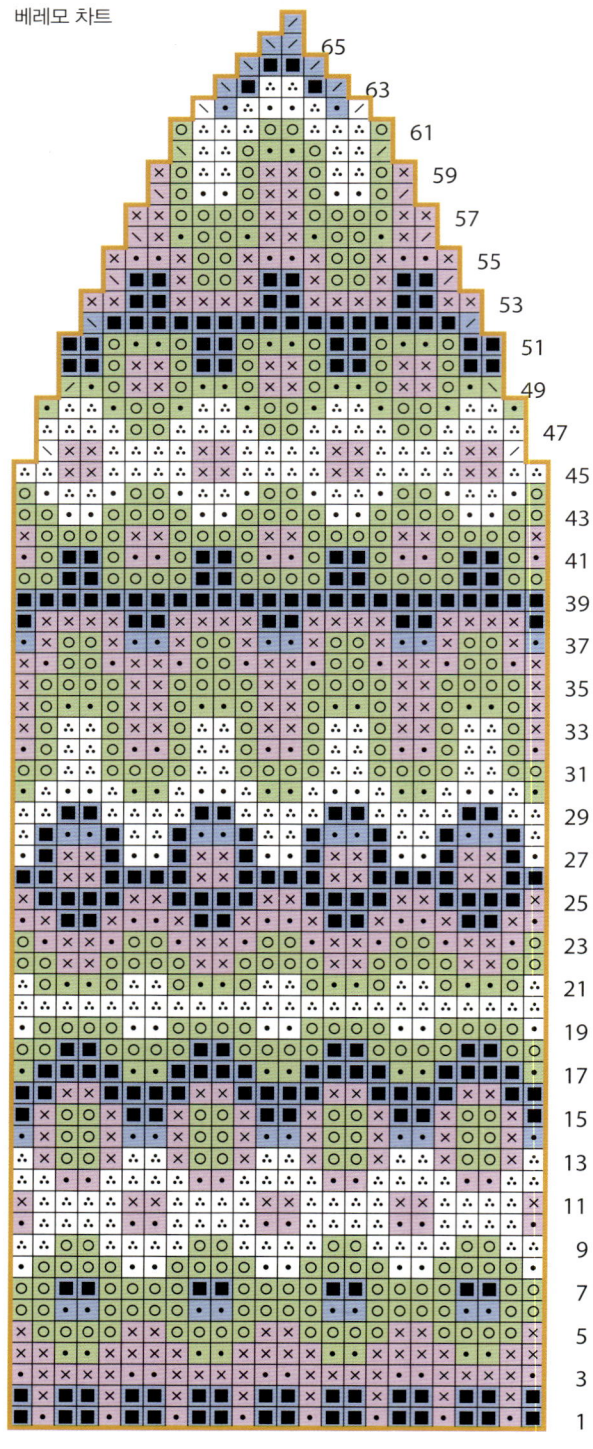

베레모 차트

65 63 61 59 57 55 53 51 49 47 45 43 41 39 37 35 33 31 29 27 25 23 21 19 17 15 13 11 9 7 5 3 1

마무리

실을 자르고, 돗바늘을 끼워 남아 있는 코들에 실꼬리를 통과시켜 단단히 당겨 구멍을 막고 편물 안쪽에서 실꼬리를 고정한다. 남은 실꼬리들을 편물에 엮어 정리하고, 치수에 맞게 블로킹한다.

■	바탕색으로 겉뜨기	/	바탕색으로 2코 모아 겉뜨기
×	배색 1로 겉뜨기	/	배색 1로 2코 모아 겉뜨기
○	배색 2로 겉뜨기	/	배색 2로 2코 모아 겉뜨기
⋰	배색 3으로 겉뜨기	/	배색 3으로 2코 모아 겉뜨기
●	바탕색으로 안뜨기	\	바탕색으로 오른코 모아뜨기
●	배색 1로 안뜨기	\	배색 1로 오른코 모아뜨기
●	배색 2로 안뜨기	\	배색 2로 오른코 모아뜨기
•	배색 3으로 안뜨기	\	배색 3으로 오른코 모아뜨기
☐	반복 단위		

102

Innsbruck mittens + leg warmers

인스부르크 벙어리장갑과 레그워머

이 벙어리장갑의 이름은 오스트리아의 인스브루크라는 도시에서
따왔다. 인스부르크는 티롤 지방의 절반을 차지하는 오스트리아
서부에 위치한 티롤 주의 주도인데, 예부터 티롤 지방이라 불리던
곳의 나머지 절반은 현재 이탈리아 북부의 티롤로에 속해 있다.
이 장갑에는 흔히 티롤리안 뜨개라고 불리는 스타일에서 주로 볼 수
있는 꼬아뜨기를 이용한 꽈배기무늬와 자수가 사용되었다. 장갑과
레그워머에 수놓인 꽃무늬는 바람 센 알프스 산지에 피어 있는
야생화를 떠올리게 하는데, 과거 티롤 지방의 여성 민속의상인
디른들(dirndl)에도 야생화에서 영감을 얻은 섬세한 자수를 많이
놓았다. 바탕을 뜬 실과 원료는 같고 굵기만 더 가는 중세사로
꽈배기들 사이 공간에 수를 놓았다.

완성 사이즈

장갑: 손 둘레 약 20.5cm, 길이 24cm

레그워머: 늘이지 않고 가장 굵은 부분의 다리 둘레
약 26.5cm, 길이 34.5cm

실

장갑과 레그워머: 병태사(Worsted)

자수: 중세사(Fingering)

견본에 사용한 실: The Fibre Company의
Canopy Worsted(베이비 알파카 50%, 메리노 30%,
뱀부 20%, 91m/50g) 색상기호 palm bud(연청, 바탕색) 5볼
The Fibre Company의 Canopy Fingering(베이비 알파카
50%, 메리노 울 30%, 뱀부 20%, 183m/50g)
색상기호 plum(배색 1), cat's claw(연노랑, 배색 2),
yerba mate(녹색, 배색 3) 각 1볼씩

바늘

장갑 커프: 3.5mm 양끝이 뾰족한 막대바늘 5개

장갑 손: 3.75mm 막대바늘 5개

레그워머: 3.75mm 막대바늘 5개

게이지가 정확히 맞지 않으면 바늘 굵기를 바꿔서 조정한다.

기타 준비물

콧수링, 스티치홀더나 다른 실, 꽈배기바늘, 돗바늘

게이지

3.75mm 바늘을 가지고 원통뜨기로 메리야스뜨기를
했을 때 20코 30단=가로 세로 10cm
3.75mm 바늘을 가지고 원통뜨기로 꼬아서 고무뜨기했을
때, 늘이지 않은 상태에서 34코 30단=가로 세로 10cm,
늘인 상태에서는 22코 33단=가로 세로 10cm

디자인: 커트니 켈리와 케이트 개그넌 오스본

꽃잎과 잎사귀 자수

장갑과 레그워머 모두 꽃잎과 잎을 수놓는다.
여기에는 세 가지 자수 기법이 쓰인다.

프렌치 넛 스티치(연노랑 색실로)

1. 실을 편물(또는 직물)의 뒤쪽에서 앞쪽으로
뽑아낸 다음 실로 바늘을 세 번 감는다.

2. 실이 처음에 나온 자리 바로 옆에 바늘을
찔러 넣는다.

3. 한 손으로는 실을 다른 손으로는 바늘을
잡고 실을 팽팽히 당긴 상태에서 바늘을
당겨 뽑는다.

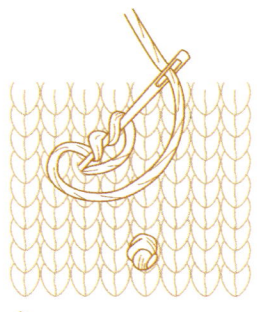

레이지 데이지 스티치(자주색 실로 꽃잎을 수놓는다)

1. 실을 편물의 뒤쪽에서 앞쪽으로 뽑아낸다.
바늘을 처음 실이 나온 자리 바로 옆에 다시
찔렀다가 꽃잎의 끝부분이 되기에 적당한
위치(실이 나온 자리에서 1.5cm 지점)에서
다시 바늘을 편물 앞쪽으로 빼낸다.

2. 실을 바늘 밑으로 시계반대방향으로 감아
팽팽하게 당긴다.

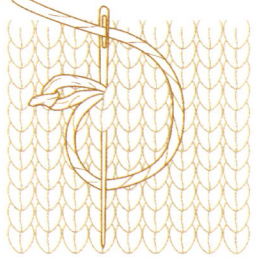

3. 꽃잎의 끝부분에서 바늘을 다시 편물
뒤쪽으로 뽑아 스티치를 고정한다.

스트레이트 스티치(녹색실로 줄기 표현)

1. 실을 편물의 뒤쪽에서 앞쪽으로 뽑아낸다.
실이 나온 자리에서 적당히 떨어진 위치에
다시 바늘을 찌른 다음, 다음 코의
시작 위치(처음 실이 나온 자리 바로 옆)로
다시 바늘을 빼낸다.

2. 위의 과정을 한 번 더 반복한다.

3. 바늘을 다시 편물에 찔러 넣고 뒷면에서
실을 고정한다.

스티치 가이드

꼬아서 고무뜨기 (콧수: 2의 배수 + 1)

모든 단: ※1코 겉뜨기로 꼬아뜨기,
1코 안뜨기. 1코 남을 때까지 ※표한 부분
반복, 1코 겉뜨기로 꼬아뜨기

왼쪽 2코 줄이기

안뜨기하듯이 1코 걸러뜨기, 2코
모아 겉뜨기, 걸러뜬 코로 모아뜬 코
덮어씌우기 → 2코가 준다.

오른쪽 2코 줄이기

오른코 모아뜨기, 겉뜨기하듯이 1코
걸러뜨기, 오른쪽 바늘의 2코 다시 왼쪽
바늘로 옮기고, 왼쪽 바늘의 둘째 코로
첫째 코 덮어씌우기, 안뜨기하듯이
오른쪽 바늘에 1코 걸러뜨기 → 2코가
준다.

벙어리장갑
오른쪽 장갑

바탕색 실과 3.5mm 바늘을 가지고 40코를
만든다. 막대바늘 4개에 각각 10코씩 코를 똑같이
나누고, 콧수링을 끼운 다음, 코들이 꼬이지 않도록
조심하면서 원통뜨기를 하도록 양끝을 연결한다.

설정단: ※안1, 겉2, 안3, 겉1, 안2, 겉2, 안2, 겉1,
안3, 겉2, 안1. ※표한 부분 반복.

편물의 길이가 시작단부터 6.5cm가 될 때까지,
또는 원하는 커프의 길이가 될 때까지 설정된
패턴대로 고무뜨기를 계속한다.

늘림단: ※앞뒤로 안뜨기해 1코 늘리기*, 겉2, 안3, 겉1, 안2, 겉2, 안2, 겉1, 안3, 겉2, 앞뒤로 안뜨기해 1코 늘리기, 콧수링 끼우기. ※표한 부분 반복. → 44코.

손

3.75mm 바늘로 바꾸어 장갑 차트의 1단대로 손등에 해당하는 22코를 뜬다. 콧수링을 옮기고 끝까지 겉뜨기를 하여 손바닥 부분을 뜬다. 차트의 2단을 설정된 대로 뜬다.

엄지 가세트 만들기

다음 단: (차트의 3단) 콧수링 앞까지 설정된 패턴대로 뜨기, 콧수링 옮기기, 앞뒤로 겉뜨기해 1코 늘리기*, 콧수링 끼우기, 겉21. → 가세트 2코

다음 단: 콧수링 앞까지 설정된 패턴대로 뜨기, 콧수링 옮기기, 다음 콧수링 앞 1코 남을 때까지 겉뜨기, 앞뒤로 겉뜨기해 1코 늘리기, 콧수링 옮기기, 끝까지 겉뜨기. → 1코가 는다.

위의 단을 7번 더 반복한다. → 가세트 10코.

다음 단: (차트의 12단) 콧수링 앞까지 설정된 패턴대로 뜨기, 엄지가 될 다음 10코를 스티치홀더에 옮겨 쉼코로 둔다. 콧수링 빼기, 감아 코 만들기 방법*으로 엄지와의 틈새에 1코를 만들고 끝까지 겉뜨기. → 44코가 남는다.

손 윗부분

설정된 패턴대로 차트의 38단까지 뜬다. → 편물의 길이가 시작단부터 약 20.5cm가 된다.

줄임단: 콧수링 앞까지 설정된 패턴대로 뜨기, 겉1, 오른코 모아뜨기, 3코 남을 때까지 겉뜨기, 2코 모아 겉뜨기, 겉1. → 4코가 준다.

1단을 코줄임 없이 그냥 뜬다. 줄임단 뜨고 1단 그냥 뜨기를 1번 더 반복한다. → 36코가 남는다.

매단 줄임단 뜨기를 7번 더 반복한다. → 8코가 남는다.

2개의 바늘에 각각 4코씩 나눈다. 실꼬리를 30cm 정도 남기고 실을 자른다. 실꼬리를 돗바늘에 끼워 키치너 스티치*로 코들을 연결한다.

엄지

쉼코로 둔 10코를 3개 또는 4개의 막대바늘에 나눈다. 바탕색 실을 연결하여 10코를 겉뜨기한 다음 손의 시작부분에서 1코를 줍는다. → 총 12코.

편물의 길이가 코를 주운 단부터 5cm가 될 때까지, 또는 원하는 엄지길이에서 1.3cm 모자라는 지점까지 계속 메리야스뜨기를 하고, 다음과 같이 코를 줄인다.

1단: ※겉2, 2코 모아 겉뜨기. ※표한 부분 반복 → 9코가 남는다.

2단: 겉뜨기

3단: ※겉1, 2코 모아 겉뜨기. ※표한 부분 반복 → 6코가 남는다.

4단: 2코 모아 겉뜨기 3번. → 3코가 남는다.

실을 자르고 실꼬리를 돗바늘에 끼워 남은 코에 통과시키고 단단히 당겨 구멍을 막고 편물 안쪽에서 실꼬리를 고정한다.

장갑 차트

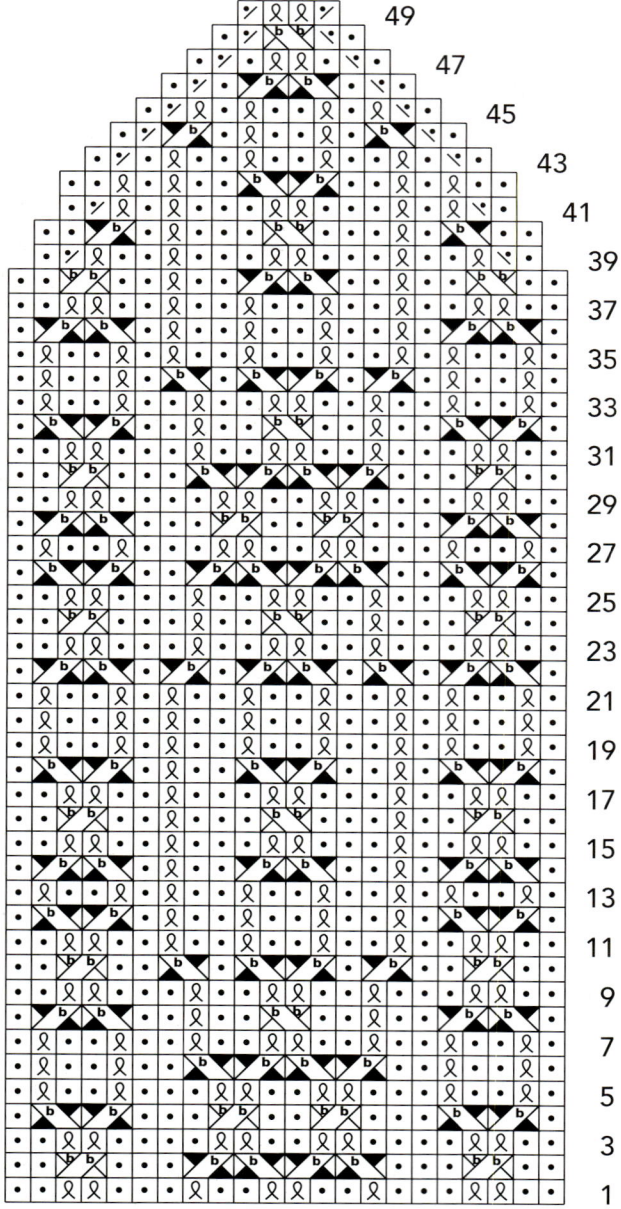

49
47
45
43
41
39
37
35
33
31
29
27
25
23
21
19
17
15
13
11
9
7
5
3
1

마무리

남은 실꼬리를 편물에 엮어 정리한다. 106쪽의 설명과 사진을 참고하여
열매와 잎, 줄기를 수놓는다.

왼쪽 장갑

엄지 가세트를 만들기 전까지 오른쪽 장갑과 똑같이 뜨되, 차트의 2단까지
뜨고 멈춘다.

엄지 가세트 만들기

다음 단: (차트의 3단) 콧수링 앞까지 설정된 패턴대로 뜨기. 콧수링 옮기기.

℧	겉뜨기로 꼬아뜨기
·	안뜨기
╱	2코 모아 안뜨기
╲	안뜨기에서 오른코 줄이기*
b	안뜨기하듯이 2코 걸러뜨기, [왼쪽 바늘 끝을 걸러뜨기한 코의 오른쪽에서 왼쪽으로 밀어 넣어 왼쪽 바늘로 다시 옮기기] 2번, 2코 모아 겉뜨기
�þ	2코 모아 겉뜨기로 꼬아뜨기
MP	안뜨기에서 1코 만들기*
↥	앞뒤로 겉뜨기해 1코 늘리기*
▨	코 없음
⤬	꽈배기바늘에 1코 옮겨 편물 뒤로 잡고, 다음 1코 겉뜨기로 꼬아뜨기, 꽈배기바늘의 1코 겉뜨기로 꼬아뜨기
⤬	꽈배기바늘에 1코 옮겨 편물 앞으로 잡고, 다음 1코 겉뜨기로 꼬아뜨기, 꽈배기바늘의 1코 겉뜨기로 꼬아뜨기
◣	꽈배기바늘에 1코 옮겨 편물 뒤로 잡고, 다음 1코 겉뜨기로 꼬아뜨기, 꽈배기바늘의 1코 안뜨기
◣b	꽈배기바늘에 1코 옮겨 편물 앞으로 잡고, 다음 1코 안뜨기, 꽈배기바늘의 1코 겉뜨기로 꼬아뜨기

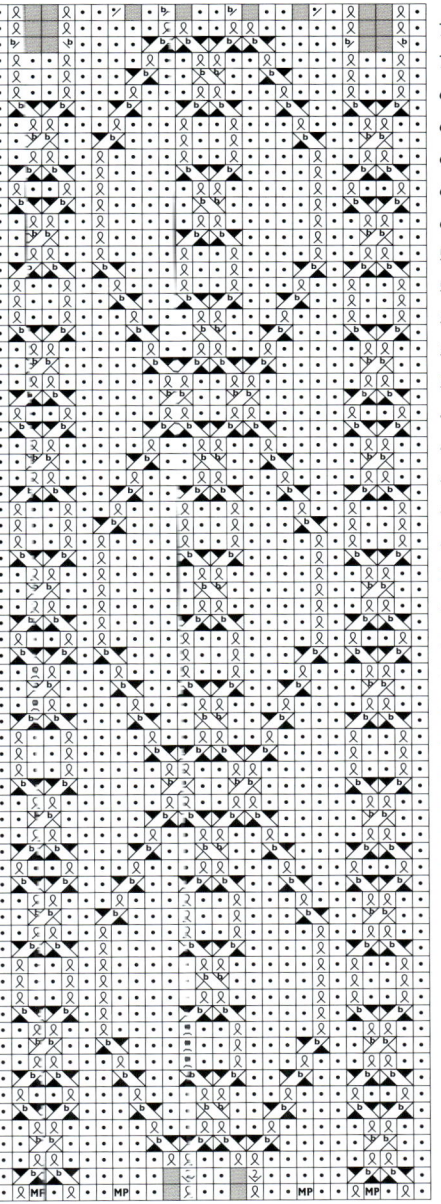

레그워머 차트

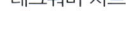

겉21, 콧수링 끼우기, 앞뒤로 겉뜨기해 1코 늘리기.
→ 가세트 2코

다음 단: 콧수링 앞까지 설정된 패턴대로 뜨기,
콧수링 옮기기, 다음 콧수링 앞까지 겉뜨기,
콧수링 옮기기, 앞뒤로 겉뜨기 해 1코 늘리기,
끝까지 겉뜨기. → 1코가 는다.

위의 단을 7번 더 반복한다. → 가세트의 10코가
생긴다.

다음 단: (차트의 12단) 콧수링 앞까지 설정된
패턴대로 뜨기, 콧수링 옮기기, 다음 콧수링 앞까지
겉뜨기, 콧수링 빼기, 엄지가 될 다음 10코를
스티치홀더에 옮겨 쉼코로 둔다. 엄지와의 틈새에
감아 코 만들기 방법*으로 1코를 만든다. → 44코가
남는다.

오른쪽 장갑과 같은 방법으로 손 윗부분과 엄지를
뜨고 마무리한다.

레그워머

바탕색 실과 3.75mm 바늘로 73코를 만든다.
4개의 막대바늘에 코를 최대한 고르게 나누고,
콧수링을 끼운 다음, 코들이 꼬이지 않도록
조심하면서 원통뜨기를 하도록 양끝을 연결한다.

고무단

1~12단: [1코 겉뜨기로 꼬아뜨기, 안1] 15번, 1코
겉뜨기로 꼬아뜨기, 안4, 1코 겉뜨기로 꼬아뜨기,
안2, 1코 겉뜨기로 꼬아뜨기, 안4, [1코 겉뜨기로
꼬아뜨기, 안1] 15번.

13단: [1코 겉뜨기로 꼬아뜨기, 안1] 13번, 1코
겉뜨기로 꼬아뜨기, 콧수링 끼우기, 안1, 1코
겉뜨기로 꼬아뜨기, 안1, 1코 겉뜨기로 꼬아뜨기,

안4, 1코 겉뜨기로 꼬아뜨기, 안2, 1코 겉뜨기로
꼬아뜨기, 안4, 1코 겉뜨기로 꼬아뜨기, 안1, 1코
겉뜨기로 꼬아뜨기, 안1, 콧수링 끼우기,
[1코 겉뜨기로 꼬아뜨기, 안1] 13번

다리

1, 2단: 꼬아서 고무뜨기(스티치 가이드 참고)로
콧수링 앞까지 뜨고, 콧수링 옮기고, 다음 콧수링
앞까지 레그워머 차트대로 뜨고, 콧수링 옮기고,
끝까지 꼬아서 고무뜨기. → 79코

차트의 13단까지 설정된 패턴대로 계속 뜬다.

줄임단: 1코 겉뜨기로 꼬아뜨기, 안1, 왼쪽 2코
줄이기(스티치 가이드 참고), 4코 남을 때까지
설정된 패턴대로 뜨기, 오른쪽 2코 줄이기(스티치
가이드), 안1. → 4코가 준다.

[10단을 그냥 뜨고 11단째에 줄임단 뜨기]를 5번 더
반복한다. → 55코가 남는다.

차트의 74단까지 설정된 패턴대로 계속 뜬다. →
47코가 남는다.

커프

1~13단: ※1코 겉뜨기로 꼬아뜨기, 안1. 콧수링 앞
1코 남을 때까지 ※표한 부분 반복. 1코 겉뜨기로
꼬아뜨기, 콧수링 옮기기, 안1, 2코 겉뜨기로
꼬아뜨기, 안4, 1코 겉뜨기로 꼬아뜨기, 안2, 1코
겉뜨기로 꼬아뜨기, 안4, 2코 겉뜨기로 꼬아뜨기,
안1, 콧수링 옮기기. ※1코 겉뜨기로 꼬아뜨기, 안1.
끝까지 ※표한 부분 반복.

모든 코를 패턴대로 느슨하게 코막음한다.

마무리

남은 실꼬리를 편물에 엮어 정리한다. 치수에
맞추어 스팀블로킹한다. 106쪽 설명대로 꽃과 잎을
수놓는다.

3.
winter harbor

겨울 항구

겨울이 오면 바위와 파도의 윤곽이 더욱 뚜렷이 보이면서 해변 풍경은
더욱 예리한 모습을 띤다. 건조하고 맑은 공기와 거센 바람. 그리고
푸르른 바다는 잠시 비치다 사라지는 야속한 햇살 속에서 차갑게
우리의 감각을 마비시킨다. 낮의 길이가 짧아지고 밤이 일찍 찾아오면,
가족과 친구들은 난로에서 새어나오는 불빛 앞에 모여 앉아 영혼을
따뜻하게 데운다. 얼음이 서린 아름다운 항구의 풍광을 바라보며
마시는 진한 홍차 한 잔은 겨울의 경이를 새삼 떠올리게 한다.
이 장에서는 전통적인 해안 지역 뜨개 스타일들을 현대적으로
해석해보았다. 파도에 깎여 뽀얀 구슬로 변한 유리조각들처럼
아련하고 부드러우면서도, 바위투성이인 해변가에 드리운 겨울
하늘처럼 단호하면서도 엄밀한 스타일이다. 특히 전통적인 아란

스웨터, 페어아일 스웨터, 건지 스웨터에 현대적인 핏과 구조,
바다에서 영감을 받은 모티프들로 새로움을 가미했고 소품들은
겨울의 추위를 막아낼 수 있게 디자인했다.
바다와 밤하늘에서 영감을 얻어 수채화 팔레트를 연상시키는
이 작품들의 색상은 푸른색과 연한 중성색들, 짙은 잿빛 회색,
그리고 파도의 물거품을 닮은 연한 녹색 계열의 색깔들이 채우고
있다. 여기에 담긴 스웨터와 소품들은 강인허 보이면서도 여성적인
느낌이 난다. 쨍하도록 맑은 겨울 아침 공기 속에서 바위가 많은
해변을 산책할 때 걸칠 수도 있고, 난롯가에 앉아 있을 때 아늑하게
몸을 감싸줄 따뜻한 스웨터들. 이 작품들은 긴 겨울을 나는 동안
우리를 포근하게 지켜줄 것이다.

Rhodes Point gansey

로즈 포인트 건지 스웨터

메릴랜드 주 체서피크 만의 섬들 중 사람이 마지막으로 거주하고 있는
작은 마을에서 이름을 따서 만든 이 풀오버는 어부들이 입던 전통적인
건지 스웨터의 풍성한 전통에서 영감을 얻어 만들었다. 건지 스웨터는
예부터 실용적이고 질기기로 잘 알려져 있지만, 여기서는 여성적인 느낌도
가미하여 새롭게 해석했다. 사실 이 스웨터는 알파카와 실크와 캐시미어,
그리고 낙타털을 혼합한 고급스럽고 부드러운 실로 떴기 때문에 라놀린이
풍부하고 질겼던 과거의 울 스웨터와는 상당히 다르다. 그러나 실루엣은
현대적으로 변형했어도 역사적으로 가치 있는 기법들은 전혀 훼손하지
않았다. 겨드랑이에서 사선 되돌아뜨기로 모양을 만든, 셋인 소매는 보다
여성적인 맵시를 살려준다. 커프에는 우리가 아이슬란드 식 코막음과 피코
코막음을 결합하여 '발명한' 채널 아일랜드 코막음 기법을 썼는데, 이것은
시작코 부분의 웰트와 거울상을 이룬다.

완성 사이즈

가슴둘레 약 89.5(93.5 98, 101.5, 105.5, 110, 118,
122, 125.5, 130)cm. 견본 스웨터 사이즈는 98cm.

실

굵기: 병태사(Worsted)
견본에 사용한 실: The Fibre Company의
Road to China(베이비 갈파카 65%, 실크 15%,
캐멀 10%, 캐시미어 10%, 63m/50g)
색상기호 lapis 15(15, 16, 17, 19, 20, 21, 22, 25, 25)볼

바늘

몸판과 소매: 3.75mm, 40cm 줄바늘과 60cm 줄바늘,
양끝이 뾰족한 막대바늘 4~5개
테두리: 3.25mm, 40cm 줄바늘과 60cm 줄바늘,
양끝이 뾰족한 막대바늘 4~5개
게이지가 정확히 맞지 않으면 바늘 굵기를 바꿔서
조정한다.

기타 준비물

콧수링, 스티치홀더, 돗바늘

게이지

3.75mm 바늘을 가지고 원통뜨기로
메리야스뜨기를 했을 대 20코 28단
=가로 세로 10cm

디자인: 커트니 켈리

채널 아일랜드 식 코 만들기

먼저 만들고자 하는 콧수에 5cm를 곱한 길이로 실꼬리를 빼놓는다. 예를 들어 10코를 만들려면 50cm의 실꼬리를 둔다. 이 실꼬리를 반으로 접어 실을 두 겹으로 만들고, 실꼬리 끝쪽 가까이에 당기면 풀리는 매듭을 만들어 이 매듭을 오른쪽 바늘에 건다. 매듭의 한쪽에는 볼에 연결된 한 올의 실과 짧은 실꼬리 한 올이 있고, 반대쪽에는 두 겹이 된 실꼬리가 있다. 두 겹의 실꼬리는 왼손 엄지에 시계반대방향으로 두 번 감고, 볼에 연결된 실은 왼손 검지에 걸고, 짧은 실꼬리는 그냥 둔다.

1단계. 바늘을 검지에 걸린 실 한 올 밑으로 가져가 바늘비우기를 하듯이 바늘에 실을 건다(그림 1).

2단계. 엄지에 감긴 실 두 겹에 바늘을 밑에서 위로 찔러 넣은 다음, 마치 겉뜨기를 하듯이 검지에 걸린 한 겹 실을 걸어서 앞으로 끌고 와 엄지에 걸린 두 겹 고리로 통과시킨다(그림 2).

3단계. 엄지에 감긴 실을 풀어내고 방금 만든 코를 바늘에 적당히 맞도록 부드럽게 당겨준다. 두 겹의 실꼬리를 다시 엄지에 시계반대방향으로 두 바퀴 감아 다음 코를 만들 준비를 한다. → 2코가 만들어졌다.

코가 원하는 수만큼 만들어질 때까지 위의 세 단계를 반복한다. 홀수 코를 만들 때는 처음의 매듭을 콧수에 포함시키고, 짝수 코를 만들 때는 매듭을 콧수에서 제외한다.

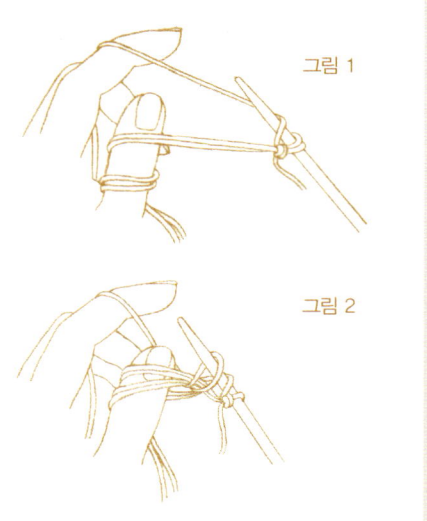

그림 1

그림 2

채널 아일랜드 식 코 막음

1단계. ※오른쪽 바늘 끝을 왼쪽 바늘의 첫째 코에 찔러 넣은 다음 이 코를 왼쪽 바늘에 그대로 걸어놓은 상태로 왼쪽 바늘의 둘째를 첫째 코에 통과시켜 왼쪽 바늘 끝에 둔다(그림 1). → 두 코가 엇갈린 채 걸려 있다.

2단계. 엇갈린 상태의 첫째 코를 겉뜨기하되 코를 바늘에서 빼지 않고 둔다(그림 2).

3단계. 방금 겉뜨기해서 새로 생긴 코를 왼쪽 바늘 끝에 걸고(그림 3) 이 코를 다시 겉뜨기하고, 다음 2코를 모아서 겉뜨기한다(그림 4).

4단계. 오른쪽 바늘의 둘째 코로 첫째 코를 덮어씌워(그림 5) 1코를 코막음한다.

5단계. 코막음하고 남은 코를 왼쪽 바늘로 다시 옮긴다.

코막음할 콧수만큼 위의 다섯 단계를 반복한다.

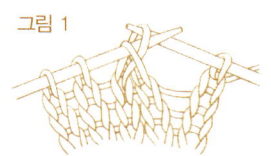
그림 1

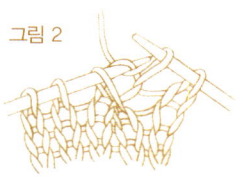
그림 2

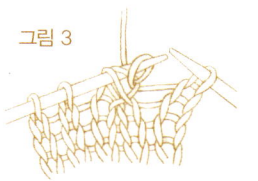
그림 3

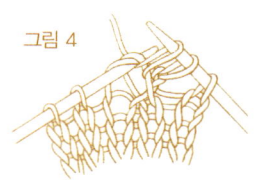
그림 4

그림 5

몸판

웰트 (2개)

3.25mm 60cm 줄바늘로 채널 아일랜드식
코 만들기 방법(사이드바 참고)으로 88(92, 96, 100,
104, 108, 116, 120, 124, 128)코를 만든다. 양끝을
연결하지 않는다. 가터뜨기(모든 단 겉뜨기)로
12단을 뜬다. → 이랑 무늬가 6개 생긴다.

웰트 연결하기

3.75mm 60cm 줄바늘로 겉면을 마주본 상태로
첫째 웰트를 겉뜨기하고, 콧수링을 끼워 옆솔기선을
표시하고, 둘째 웰트를 겉뜨기한다. → 총 176(184,
192, 200, 208, 216, 232, 240, 248, 256)코.
콧수링을 끼워 반대쪽 솔기와 단 시작 위치를
표시한 다음, 코들이 꼬이지 않도록 조심하면서
원통뜨기를 할 수 있도록 양끝을 연결한다.

다음 단: 안1, 다음 콧수링 앞 1코 남을 때까지
겉뜨기, 안1, 콧수링 옮기기, 안1, 다음 콧수링 앞
1코 남을 때까지 겉뜨기, 안1.

위의 단을 5번 더 반복한다. → 총 6단

이니셜을 넣을 경우

설정단: 겉12, 콧수링 끼우기, 원한다면 알파벳
차트(118쪽)를 보고 이니셜 넣기, 콧수링 끼우기,
끝까지 겉뜨기.

앞에서 설정된 대로 양 옆 솔기에서 2코씩
안뜨기하면서 알파벳 차트의 패턴대로 이니셜
넣기를 계속하고, 끝나면 차트 위치를 표시한
콧수링 2개를 뺀다. 편물의 길이가 시작단부터
30.5(31.5, 33, 34.5, 35.5, 38, 39.5, 40.5,
40.5)cm가 될 때까지, 또는 겨드랑이의 가세트
부분까지 원하는 길이가 될 때까지 솔기 2코씩만
안뜨기하면서 메리야스뜨기를 계속한다.

겨드랑이 가세트 만들기

1단: ※안1, 다음 콧수링 앞 1코 남을 때까지 겉뜨기,
안1, 콧수링 끼우기, 1코 만들기(82쪽 참고), 콧수링
옮기기. ※표한 부분 1번 반복 → 2코가 는다.

2단: ※안1, 다음 콧수링 앞 1코 남을 때까지 겉뜨기,
안1, 콧수링 옮기기, 겉1, 콧수링 옮기기. ※표한
부분 반복.

3단: ※안1, 다음 콧수링 앞 1코 남을 때까지 겉뜨기,
안1, 콧수링 옮기기, 1코 만들기, 다음 콧수링
앞까지 겉뜨기, 1코 만들기, 콧수링 옮기기. ※표한
부분 반복. → 4코가 는다.

4, 5단: ※안1, 다음 콧수링 앞 1코 남을 때까지
겉뜨기, 안1, 콧수링 옮기기, 다음 콧수링 앞까지
겉뜨기. ※표한 부분 1번 반복

위의 3, 4, 5단을 3(3, 4, 4, 4, 4, 5, 5, 5)번 더

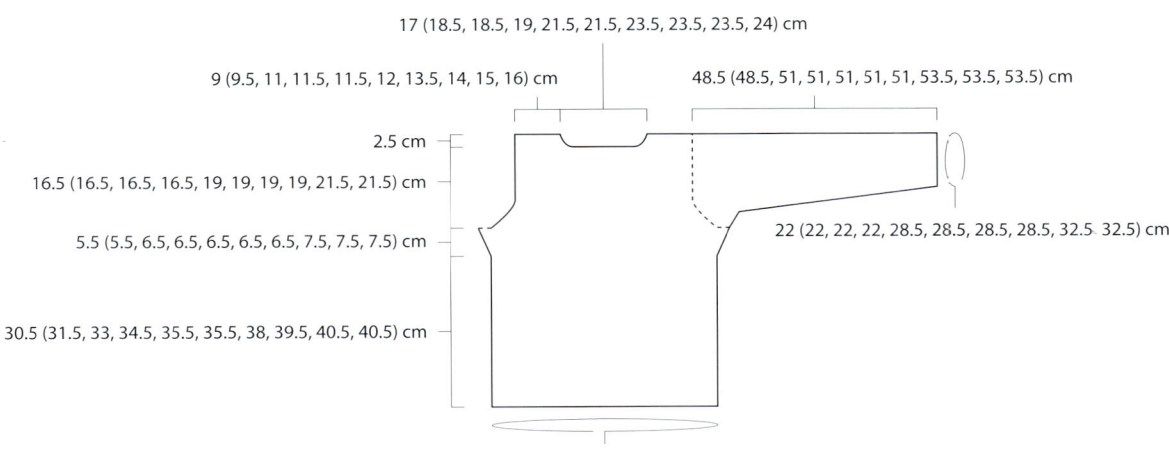

17 (18.5, 18.5, 19, 21.5, 21.5, 23.5, 23.5, 23.5, 24) cm

9 (9.5, 11, 11.5, 11.5, 12, 13.5, 14, 15, 16) cm

48.5 (48.5, 51, 51, 51, 51, 51, 53.5, 53.5, 53.5) cm

2.5 cm

16.5 (16.5, 16.5, 16.5, 19, 19, 19, 19, 21.5, 21.5) cm

5.5 (5.5, 6.5, 6.5, 6.5, 6.5, 6.5, 7.5, 7.5, 7.5) cm

22 (22, 22, 22, 28.5, 28.5, 28.5, 28.5, 32.5, 32.5) cm

30.5 (31.5, 33, 34.5, 35.5, 35.5, 38, 39.5, 40.5, 40.5) cm

89.5 (93.5, 98, 101.5, 105.5, 110, 118, 122, 125.5, 130) cm

반복한다. 가세트 부분의 11(11, 13, 13, 13, 13, 15, 15, 15)코는 [안1, 겉9(9, 11, 11, 11, 11, 11, 13, 13, 13), 안1]로 뜬다.

앞판과 뒤판 나누기

다음 단: 안1, 다음 콧수링 앞 1코 남을 때까지 겉뜨기, 안1, 겉9(9, 11, 11, 11, 11, 11, 13, 13, 13), 안1, 방금 뜬 가세트의 11(11, 13, 13, 13, 13, 15, 15, 15)코를 스티치홀더에 옮겨 쉼코로 둔다(콧수링은 뺀다). 다음 콧수링 앞 1코 남을 때까지 겉뜨기하고 뒤판에 해당하는 이 86(90, 94, 98, 102, 106, 114, 118, 122, 126)코를 스티치홀더에 옮겨 쉼코로 두고, 안1, 겉9(9, 11, 11, 11, 11, 11, 13, 13, 13), 안1(다음 단의 첫 코). 방금 뜬 가세트의 11(11, 13, 13, 13, 13, 15, 15, 15)코를 홀더에 옮겨 쉼코로 둔다. → 앞판의 86(90, 94, 98, 102, 106, 114, 118, 122, 126)코가 남는다.

앞판

주의: 진동 만들기가 끝나기 전에 차트 뜨기가 시작되므로, 먼저 다음 부분을 다 읽어본 다음 계속 뜬다.

앞판을 단면으로 뜨면서 다음과 같이 진동을 만든다.

줄임단: (겉면) 가터뜨기로 3코, 안메리야스뜨기(겉면에서 안뜨기, 안면에서 겉뜨기)로 1코 뜨기, 콧수링 끼우기, 오른코 모아뜨기, 6코 남을 때까지 뜨기, 2코 모아 겉뜨기, 콧수링 끼우기, 안메리야스뜨기로 1코, 가터뜨기로 3코. → 2코가 준다.

모든 겉면 단에서 줄임단 뜨기를 7번 더 반복한다. → 70(74, 78, 82, 86, 90, 98, 102, 106, 110)코가 남는다. 이와 동시에 편물의 길이가 앞판과 뒤판을

 겉면에서 겉뜨기, 안면에서 안뜨기

・ 겉면에서 안뜨기, 안면에서 겉뜨기

베레모 차트

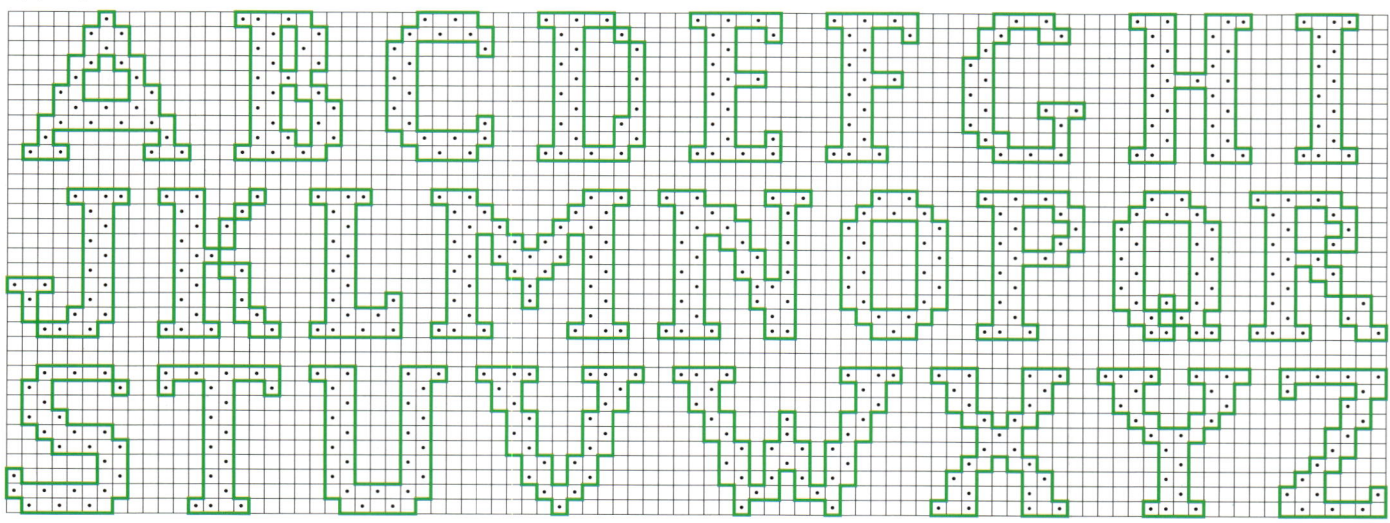

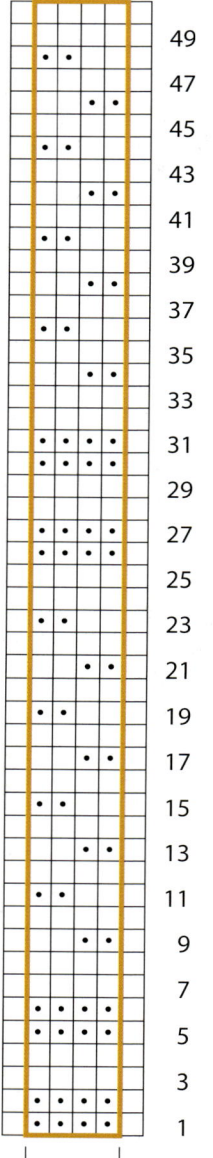

돋을새김 차트

소매 끝　　소매 시작

	겉면에서 겉뜨기, 안면에서 안뜨기
●	겉면에서 안뜨기, 안면에서 겉뜨기
	반복 단위

나눈 지점부터 0(0, 0, 0, 2.5, 2.5, 2.5, 2.5, 5, 5)cm가 될 때까지(안면 단까지 뜸) 뜬 다음, 두 콧수링 사이에서 돋을새김 차트의 1~50단을 뜨고 1~6단을 1번 더 뜬다. → 편물의 길이가 앞판과 뒤판을 나눈 지점부터 16.5(16.5, 16.5, 16.5, 19, 19, 19, 19, 21.5, 21.5)cm가 된다.

목둘레선 만들기

22(23, 25, 26, 26, 28, 30, 32, 34, 35)코 겉뜨기, 목둘레선에 해당하는 다음 26(28, 28, 30, 34, 34, 38, 38, 38, 40)코를 스티치홀더에 옮겨 쉼코로 두고 새 실을 연결하여 끝까지 겉뜨기. → 양쪽에 각 22(23, 25, 26, 28, 30, 32, 34, 35)코가 남는다. 양쪽을 각각 따로 가터뜨기하면서, 겉면 단을 뜰 때마다 다음과 같은 방법으로 목둘레선 가장자리에서 1코씩 줄이기를 4번 한다.

줄임단: (겉면) 왼쪽 어깨선: 목둘레선 가장자리 앞 3코 남을 때까지 겉뜨기, 2코 모아 겉뜨기, 겉1. 오른쪽 어깨선: 겉1, 오른코 모아뜨기, 끝까지 겉뜨기. → 양쪽에 1코씩 준다. 코 줄임이 모두 끝나면 양쪽에 각 18(19, 21, 22, 22, 24, 26, 28, 30, 31)코가 남는다.

코들을 스티치홀더에 옮겨 쉼코로 둔다.

뒤판

쉼코로 두었던 86(90, 94, 98, 102, 106, 114, 118, 122, 126)코를 3.75mm 바늘에 옮긴다. 목둘레선 만들기만 제외하고 앞판과 같은 방법으로 뜨되, 차트의 6단까지 뜨고 멈춘다. 코들은 바늘에 그대로 둔다.

어깨선 연결

쉼코로 둔 앞판 왼쪽 어깨의 18(19, 21, 22, 22, 24, 26, 28, 30, 31)코를 또 다른 바늘에 옮긴다. 뒤판 왼쪽 어깨의 18(19, 21, 22, 22, 24, 26, 28, 30, 31)코와 안면이 서로 닿도록 두 바늘을 평행으로 잡고 바늘 3개를 이용한 코막음* 방법으로 왼쪽 어깨선을 연결한다. 오른쪽 어깨선도 같은 방법으로 연결한다. 뒤판의 남은 34(36, 36, 38, 42, 42, 46, 46, 46, 48)코는 스티치홀더에 옮겨둔다.

소매

3.75mm 40cm 줄바늘 또는 막대바늘을 가지고 겉면을 마주본 채, 가세트 쉼코 다음부터 진동선을 따라 코가 고루 나눠게 하면서 60(60, 60, 60, 72, 72, 72, 72, 80, 80)코를 줍는다. 콧수링을 끼우고 가세트 쉼코를 [안1, 겉9(9, 11, 11, 11, 11, 11, 13, 13, 13), 안1]로 뜨고 콧수링을 끼워 단의 시작 위치를 표시한다. 다음과 같이 사선되돌아뜨기(74쪽 참고)를 한다.

사선 되돌아뜨기 1: (겉면) 겉8, 다음 코 에워싸기, 편물 돌리기.

사선 되돌아뜨기 2: (안면) 1코 걸러뜨기, 겉7, 콧수링 옮기기, 겉1, 콧수링 앞 1코 남을 때까지 안뜨기, 겉1, 콧수링 옮기기, 겉8, 다음 코 에워싸기, 편물 돌리기.

사선 되돌아뜨기 3: 1코 걸러뜨기, 겉7, 콧수링 옮기기, 안1, 오른코 모아뜨기, 콧수링 앞 3코 남을 때까지 겉뜨기, 2코 모아 겉뜨기, 안1, 콧수링 옮기기, 겉6, 다음 코 에워싸기, 편물 돌리기. → 가세트의 2코가 준다.

사선 되돌아뜨기 4: 1코 걸러뜨기, 겉5, 콧수링 옮기기,

겉1, 콧수링 앞 1코 남을 때까지 안뜨기, 겉1, 콧수링 옮기기, 겉6, 다음 코 에워싸기, 편물 돌리기

사선 되돌아뜨기 5: 1코 걸러뜨기, 겉5, 콧수링 옮기기, 안1, 콧수링 앞 1코 남을 때까지 겉뜨기, 안1, 콧수링 옮기기, 겉4, 다음 코 에워싸기, 편물 돌리기

사선 되돌아뜨기 6: 1코 걸러뜨기, 겉3, 콧수링 옮기기, 겉1, 2코 모아 안뜨기, 콧수링 앞 3코 남을 때까지 안뜨기, 안뜨기에서 오른코 줄이기*, 겉1, 콧수링 옮기기, 겉4, 다음 코 에워싸기, 편물 옮기기 → 가세트의 2코가 준다.

사선 되돌아뜨기 7: 1코 걸러뜨기, 겉3, 콧수링 옮기기, 안1, 콧수링 앞 1코 남을 때까지 겉뜨기, 안1, 콧수링 옮기기, 겉2, 다음 코 에워싸기, 편물 돌리기.

사선 되돌아뜨기 8: 1코 걸러뜨기, 겉1, 콧수링 옮기기,

겉1, 콧수링 앞 1코 남을 때까지 안뜨기, 겉1, 콧수링 옮기기, 겉2, 다음 코 에워싸기, 편물 돌리기

다음 단(줄임단): 1코 걸러뜨기, 겉1, 콧수링 옮기기, 안1, 오른코 모아뜨기, 콧수링 앞 3코 남을 때까지 겉뜨기, 2코 모아 겉뜨기, 안1. → 가세트의 2코가 준다.

다음 단: 에워싼 실을 에워싸인 코와 함께 떠 감추면서 콧수링 앞까지 겉뜨기, 콧수링 옮기기, 안1, 콧수링 앞 1코 남을 때까지 겉뜨기, 안1.

설정단: 돋을새김 차트에 표시된 소매의 시작과 끝부분에 맞추어 콧수링 앞까지 차트의 1단 뜨기, 콧수링 옮기기, 안1, 콧수링 앞 1코 남을 때까지 겉뜨기, 안1.

설정된 패턴대로 0(0, 3, 3, 3, 3, 6, 6, 6)단을

뜨면서, 동시에 2단은 코줄임 없이 그냥 뜨고 3단째에는 위의 줄임단과 같은 방법으로 가세트의 2코를 줄인다. → 가세트에 5코가 남는다.

다음 단: 콧수링 앞까지 차트의 2(2, 5, 5, 5, 5, 8, 8, 8)단 뜨기, 콧수링 옮기기, 안1, 1코 걸러뜨기, 2코 모아 겉뜨기, 걸러뜬 코로 모아뜬 코 덮어씌우기, 안1. → 가세트에 3코가 남는다.

다음 단: 콧수링 앞까지 차트의 3(3, 6, 6, 6, 6, 9, 9, 9)단 뜨기, 콧수링 옮기기, 2코 모아 안뜨기, 안1. → 62(62, 62, 62, 74, 74, 74, 74, 82, 82)코가 남는다.

가세트의 2코는 계속 단뜨기하면서 차트의 31단까지 설정된 패턴대로 계속 뜬다.

2코 안뜨기는 계속 유지하면서 메리야스뜨기로

바꾸어 5(5, 5, 5, 6.5, 6.5, 6.5, 6.5, 7.5, 7.5)cm 더 뜬다.

줄임단: 겉1, 2코 모아 겉뜨기, 콧수링 앞 3코 남을 때까지 겉뜨기,
오른코 모아뜨기, 겉1, 콧수링 옮기기, 안2. → 2코가 준다.

[7단은 그냥 뜨고, 8단째에 줄임단 뜨기]를 8번 더 반복한다. → 44(44, 44, 44,
56, 56, 56, 56, 64, 64)코가 남는다.

편물의 길이가 코를 주운 어깨선부터 45.5(45.5, 48.5, 48.5, 48.5, 48.5,
48.5, 51, 51, 51)cm가 될 때까지, 또는 원하는 소매길이에서 2.5cm 모자라는
지점까지 줄임 없이 그대로 뜬다.

[안뜨기 1단, 겉뜨기 1단]을 4번 반복하고 안뜨기로 1단을 더 뜬다.

채널 아일랜드 식 코막음(116쪽) 방법으로 모든 코를 코막음한다.

마무리
남은 실꼬리를 편물에 엮어 정리하고, 치수에 맞추어 블로킹한다.

목둘레선
3.25mm 40cm 줄바늘을 가지고 겉면을 마주본 채, 쉼코로 둔 앞판 목둘레선의
26(28, 28, 30, 34, 34, 38, 38, 38, 40)코를 겉뜨기하고, 앞판 오른쪽
목둘레선의 경사진 8단에서 4코를 줍고, 쉼코로 둔 뒤판 목둘레선의 34(36,
36, 38, 42, 42, 46, 46, 48)코를 겉뜨기하고, 앞판 왼쪽 목둘레선의 경사진
8단에서 4코를 줍는다. → 총 68(72, 72, 76, 84, 84, 92, 92, 92, 96)코.

2코 고무뜨기로 3.8cm를 뜨고, 메리야스뜨기로 4단을 뜬다.
모든 코를 코막음한다.

Telemark leg warmers

텔레마크 레그워머

전통적인 노르웨이 뜨개는 대체로 노르웨이 민속의상의 요소들—파나 지역의 대범한 그래픽 문양, 세테스달 계곡의 아이콘과도 같은 라이스 스티치 패턴, 그리고 셀부의 벙어리장갑과 소품 등—로 이루어져 있다. 파나 지역 의상에 등장하는 검정이나 갈색과 흰색이 선명한 대조를 이루는 기하학적 무늬들은 19세기 말과 20세기 초에 인기를 누렸는데, 원래는 남성용 전통의상의 한 부분이었다. 세테스달 계곡의 라이스 스티치 무늬가 들어간 스웨터—검정 바탕에 흰색무늬—는 그 기원이 1840년대까지 거슬러 올라간다. 셀부 뜨개는 1880년대 중반에 한 젊은 여성이 흑백 무늬를 넣어 뜬 벙어리장갑에서 출발했다. 현대적으로 해석한 이 레그워머에는 이 세 가지 전통적인 요소—그래픽 무늬, 라이스 스티치, 검정과 흰색의 배색—가 모두 녹아들어 있다.

완성 사이즈

커프 지름 약 28cm, 둘레 지름 약 37cm, 전체 길이 약 44cm

실

굵기: 병태사(Worsted)

견본에 사용한 실: The Fibre Company의 Canopy Worsted(베이비 알파카 50%, 메리노 30%, 뱀부 20%, 91m/50g) 색상기호 orchid(바탕색) 3볼, obsidian(배색) 1볼.

바늘

다리: 4.5mm 양끝이 뾰족한 막대바늘 4~5개
테두리: 3.75mm 양끝이 뾰족한 막대바늘 4~5개
게이지가 정확히 맞지 않으면 바늘 굵기를 바꿔서 조정한다.

기타 준비물

콧수링, 돗바늘

게이지

4.5mm 바늘을 가지고 원통뜨기로 다리 패턴을 떴을 때 22코 26단=가로 세로 10cm

디자인: 케이트 개그너 오스본

레그워머

바탕색 실과 3.75mm 바늘을 가지고 56코를 만든다. 3~4개의 막대바늘에 코를 가능한 한 고르게 나누고, 콧수링을 끼운 다음 코들이 꼬이지 않게 조심하면서 원통뜨기를 할 수 있도록 양끝을 연결한다. 편물의 길이가 2.5cm가 될 때까지 1코 고무뜨기를 한다.

늘림단: ※겉뜨기 14코, 1코 만들기(82쪽 참고). ※표한 부분을 반복한다. → 60코

4.5mm 바늘로 바꾸어 커프 차트의 1~9단을 뜬다.

다리 차트의 1~59단을 뜨면서 차트에 표시된 대로 코를 늘린다. → 80코

밴드 차트의 1~21단을 뜬다. → 편물의 길이가 시작단부터 약 40cm가 된다.

바탕색 실로 겉뜨기 1단을 뜬다.

줄임단: ※겉8, 2코 모아 겉뜨기. ※표한 부분 반복. → 72코가 남는다.

3.75mm 바늘로 바꾸어 1코 고무뜨기로 3.8cm를 뜬다. 바느질 코막음(사이드바 참고) 방법으로 모든 코를 코막음한다.

마무리

남은 실꼬리를 편물에 엮어 정리하고, 치수에 맞추어 블로킹한다.

바느질 코막음

레그워머가 흘러내리지 않으려면 윗부분의 고무단이 단단히 조여야 한다. 착용 시 충분히 늘어나지 않거나 편안히 맞지 않을 수도 있으므로 위쪽 고무단에는 표준적인 코 막음 방법 대신 바느질로 하는 코 막음 방법을 쓴다. 이 방법은 뜨개질에 관한 한 타의추종을 불허하는 엘리자베스 짐머만이 처음 고안한 것으로, 고무단의 신축성을 높여 편안한 착용감을 준다.

먼저 편물 지름의 3배 정도 길이로 실꼬리를 자른다. 이 레그워머의 경우는 115cm 정도다.

실꼬리를 돗바늘에 끼우고 다음과 같이 코막음한다.

*돗바늘을 첫 두 코에 안뜨기 방향으로 통과시켜(그림 1) 실을 뽑아낸 다음. 이번에는 첫째 코에만 겉뜨기 방향으로 통과시켜(그림 2) 실을 뽑아내고, 첫째 코를 바늘에서 뺀다. 모든 코를 코막음할 때까지 ※표한 부분을 반복한다. 마지막에는 남아 있는 코에 돗바늘을 안뜨기 방향으로 통과시킨 다음 실을 고정한다.

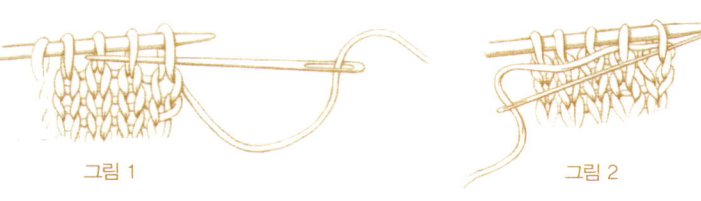

그림 1   그림 2

밴드 차트

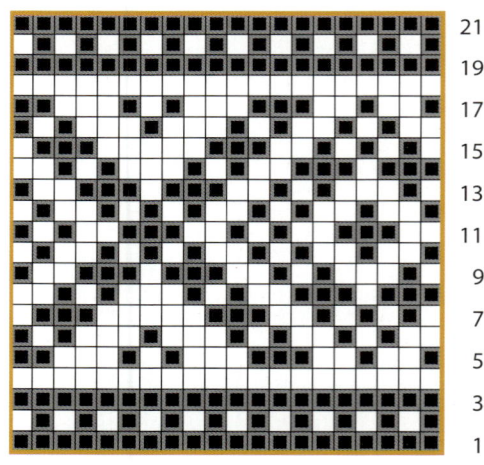

21
19
17
15
13
11
9
7
5
3
1

커프 차트

9
7
5
3
1

□	바탕색
■	배색
MR	오른쪽 기울임 1코 만들기(82쪽)
ML	왼쪽 기울임 1코 만들기(82쪽)
☐	반복 단위

다리 차트

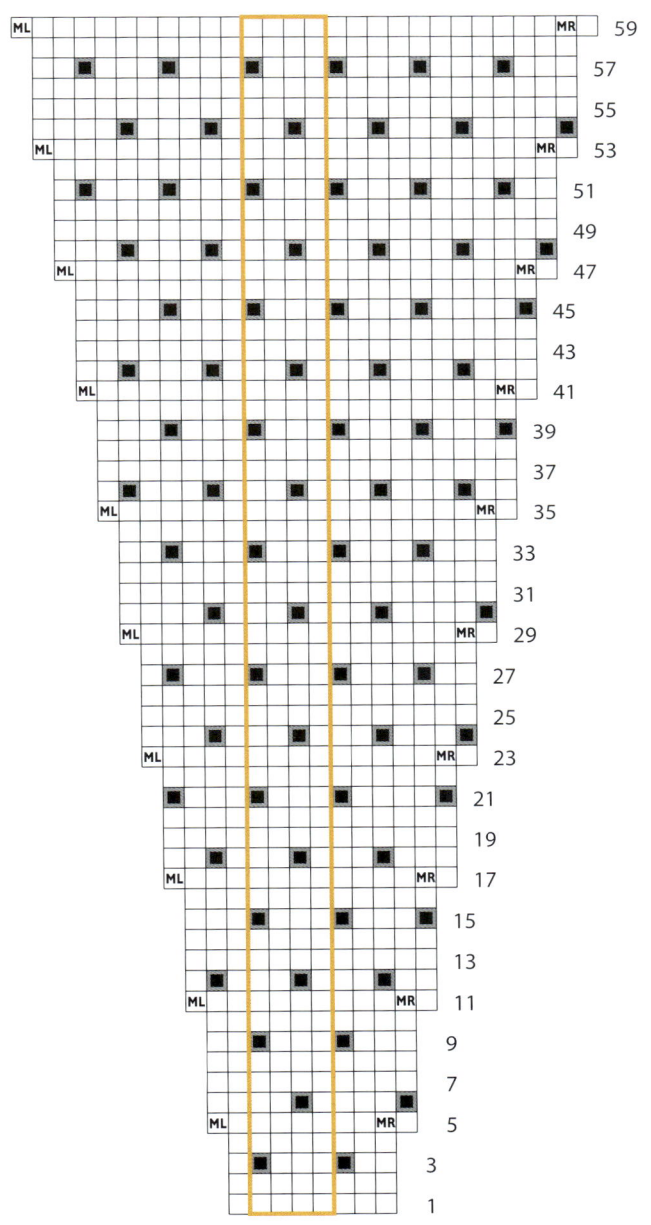

텔레마크 레그워머

Erin Cardigan

에린 카디건

꽈배기 무늬가 들어간 아란 스웨터—이 스웨터의 기원지라고 알려진
아일랜드의 아란 제도에서 이름을 따왔다—는 어디서나 쉽게 볼 수 있는
아이템이지만 뜨개질의 역사에서는 의외로 등장한 지 얼마 되지 않는다.
아란 스웨터가 널리 퍼져나가기 시작한 것은 그 섬의 아낙네들이 빠듯한
살림에 벌이를 보태기 위해 스웨터를 떴던 1900년대 초였다. 그러다가
1940년대에는 그 스웨터의 패턴들이 상업적으로 판매되었다. 아란 스웨터를
둘러싸고 전해오는 전설 같은 이야기들 중 가장 잘 알려진 것은 어부들이
바다에서 익사했을 때 그가 입고 있는 스웨터의 독특한 무늬를 보고 어느
집안의 누구인지 알아냈다는 이야기다. 그 이야기의 진위는 분명하지 않지만,
분명하게 확인된 사실은 뜨개질의 유행이 변화하고 발전하는 동안 아란
스웨터의 인기가 계속해서 높아졌다는 것이다. 아란 스웨터의 전통에서 많은
영감을 받은 이 스웨터는 셋인 소매와 안장 식 어깨, 또 몸매를 돋보이게 하는
핏 등을 통해 오늘날에 맞게 업데이트되었다.

완성 사이즈

가슴둘레 약 78.5(90, 101.5, 109, 120.5, 128.5)cm.
몸에 꼭 맞는 핏으로 디자인되었다.
견본 사이즈는 90cm.

실

굵기: 합태사(Sportweight)
견본에 사용한 실: The Fibre Company의 Savannah
(울 50%, 면 20%, 리넨 15%, 콩섬유 5%, 146m/50g)
색상기호 chambray 9(10, 12, 13, 15, 15)볼

바늘

몸판과 소매: 4mm
고무단: 3.5mm
게이지가 정확히 맞지 않으면 바늘 굵기를 바꿔서
조정한다.

기타 준비물

콧수링, 꽈배기바늘, 돗바늘,
지름 1.3cm의 단추 12개

게이지

4mm 바늘로 멍석뜨기 를 했을 때
21코 35단=가로 세로 10cm
소매 중간의 꽈배기 패널(소매 차트 B)=가로 5.5cm
뒤판 꽈배기 패널 (차트 D)=가로 12cm

디자인: 케이트 개그년 오스본

뒤판

3.5mm 바늘로 82(94, 106, 114, 126, 134)코를 만든다.

고무단 설정단: (겉면) 겉뜨기 1코, [안뜨기 1코, 겉뜨기 1코] 1(4, 7, 9, 12, 14)번, 콧수링 끼우기, ※고무단 차트 A에 따라 8코 뜨기, 콧수링 끼우기, 고무단 차트 B에 따라 12코 뜨기, 콧수링 끼우기, 고무단 차트 A에 따라 8코 뜨기, 콧수링 끼우기*, 고무단 차트 D에 따라 20코 뜨기, 콧수링 끼우기, ※~* 사이 1번 반복, [겉1, 안1] 1(4, 7, 9, 12, 14)번, 겉1.

편물의 길이가 시작단부터 6.5cm가 될 때까지 위에서 설정된 패턴대로 고무단을 뜨되, 안면 단까지 뜨고 멈춘다. 4mm 바늘로 바꾼다.

늘림단: (겉면) 겉1, [안1, 겉1] 1(4, 7, 9, 12, 14)번, 콧수링 옮기기, ※고무단 늘림 차트 A의 1단 뜨기, 콧수링 옮기기, 몸판 고무단 늘림 차트 B의 1단 뜨기, 콧수링 옮기기, 고무단 늘림 차트 A의 1단 뜨기, 콧수링 옮기기*, 고무단 늘림 차트 D의 1단 뜨기, ※~* 사이 1번 반복, [안1, 겉1] 1(4, 7, 9, 12, 14)번, 겉1 → 102(114, 126, 134, 146, 154)코.

설정된 패턴대로 가장자리에서는 메리야스뜨기를,

꽈배기 무늬의 양쪽에서는 멍석뜨기(스티치 가이드 참고. 겉뜨기 코는 안뜨기, 안뜨기 코는 겉뜨기)를 하면서 차트의 6단까지 뜬다. → 120(132, 144, 152, 164, 172)코

설정단: (겉면) 겉1, [안1, 겉1] 1(4, 7, 9, 12, 14)번, 콧수링 옮기기, ※차트 A의 1단 뜨기, 콧수링 옮기기, 몸판 차트 B의 1단 뜨기, 콧수링 옮기기, 차트 A의 1단 뜨기, 콧수링 옮기기*, 차트 D의 1단 뜨기, 콧수링 옮기기, ※~* 사이 1번 반복, [안1, 겉1] 1(4, 7, 9, 12, 14)번, 겉1.

편물의 길이가 시작단부터 40.5(40.5, 42, 42, 43, 43)cm가 될 때까지, 또는 겨드랑이까지 원하는 길이가 될 때까지 위에서 설정된 패턴대로 계속 뜨되, 안면 단까지 뜨고 멈춘다.

진동 만들기

설정된 패턴을 유지하면서, 단 시작부분에서 4(5, 5,

6, 6, 7)코를 코막음하면서 2단을 뜨고, 단 시작부분에서 2(3, 4, 5, 6, 6)코를 코막음하면서 다음 2단을 뜨고, 이어서 단 시작부분에서 0(0, 0, 0, 4, 5)코를 코막음하면서 다음 0(0, 0, 0, 2, 2)단을 뜬다. → 108(116, 126, 130, 132, 136)코가 남는다.

겉면 단을 뜰 때마다 단의 양끝에서 1코씩 줄이기를 4(6, 8, 9, 9, 10)번 한 다음, [3단은 그냥 뜨고 4단째에 양끝 1코씩 줄이기]를 3(4, 4, 4, 4, 5)번 한다. → 94(96, 102, 104, 106, 106)코가 남는다. 진동 길이가 16(17, 18.5, 19, 20.5, 21)cm가 될 때까지 설정된 패턴대로 뜨되, 안면 단까지 뜨고 멈춘다.

어깨선 만들기

단 시작부분에서 7(8, 9, 10, 10, 10)코를 코막음하면서 2단을 뜨고, 7(7, 8, 9, 10, 11)코를 코막음하면서 다음 2단을 뜬다. → 66(66, 68, 66,

66, 64)코가 남는다.

단 시작부분에서 7(7, 8, 7, 7, 6)코를 코막음하면서 다음 2단을 뜬다. → 52코가 남는다. 모든 코를 코막음한다.

오른쪽 앞판

3.5mm 바늘로 41(47, 53, 57, 63, 67)코를 만든다.

고무단 설정단: (겉면) 겉1, 안1, 콧수링 끼우기, 고무단 차트 C에 따라 8코 뜨기, 콧수링 끼우기, 고무단 차트 A에 따라 8코 뜨기, 콧수링 끼우기, 고무단 차트 B에 따라 12코 뜨기, 콧수링 끼우기, 고무단 차트 A에 따라 8코 뜨기, 콧수링 끼우기, [겉1, 안1] 1(4, 7, 9, 12, 14)번, 겉1.

편물의 길이가 시작단부터 6.5cm가 될 때까지 위에서 설정된 대로 고무단을 뜨되, 안면 단까지 뜨고 멈춘다. 4mm 바늘로 바꾼다.

늘림단: (겉면) 겉1, 안1, 콧수링 옮기기, 고무단 늘림 차트 C의 1단 뜨기, 콧수링 옮기기, 고무단 늘림 차트 A의 1단 뜨기, 콧수링 옮기기, 몸판 고무단 늘림 차트 B의 1단 뜨기, 콧수링 옮기기, 고무단 늘림 차트 A의 1단 뜨기, 콧수링 옮기기, [안1, 겉1] 1(4, 7, 9, 12, 14)번, 겉1. → 51(57, 63, 67, 73, 77)코.

설정된 패턴대로 가장자리에서는 메리야스뜨기를, 꽈배기 무늬의 양쪽에서는 멍석뜨기를 하면서 늘림 차트의 6단까지 뜬다. → 59(65, 71, 75, 81, 85)코.

설정단: (겉면) 겉1, 안1, 콧수링 옮기기, 차트 C의 1단 뜨기, 콧수링 옮기기, 차트 A의 1단 뜨기, 콧수링 옮기기, 몸판 차트 B의 1단 뜨기, 콧수링 옮기기, 차트 A의 1단 뜨기, 콧수링 옮기기, 1코 남을 때까지 설정된 대로 멍석뜨기, 겉1.

편물이 뒤판의 진동까지 길이와 같아질 때까지 위에서 설정된 패턴대로 계속 뜨되, 겉면 단까지

뜨고 멈춘다.

진동 만들기

주의: 진동을 만드는 도중에 목둘레선 만들기가 시작되므로 먼저 다음 부분을 끝까지 읽고 나서 계속 진행한다.

안면을 마주보고 설정된 패턴대로 뜨면서, 진동선 가장자리(안면 단 시작부분)에서 4(5, 5, 6, 6, 7)코를 코막음한다. 다음 안면 단을 뜰 때 진동선 가장자리에서 2(3, 4, 5, 6, 6)코를 코막음하고, 그 다음 안면 단을 뜰 때는 0(0, 0, 0, 4, 5)코를 코막음한다. → 53(57 62, 64, 65, 67) 코가 남는다.

겉면 단을 뜰 때마다 진동선 가장자리에서 1코 줄이기를 4(6, 8, 9, 9, 10)번 한 다음, [3단을 그냥 뜨고 4단째에 1코 줄이기]를 3(4, 4, 4, 4, 5)번 한다. 그와 동시에 진동 길이가 6.5(7.5, 9, 9.5, 10, 11)cm가 된 지점부터 다음과 같이 목둘레선 만들기를 시작한다.

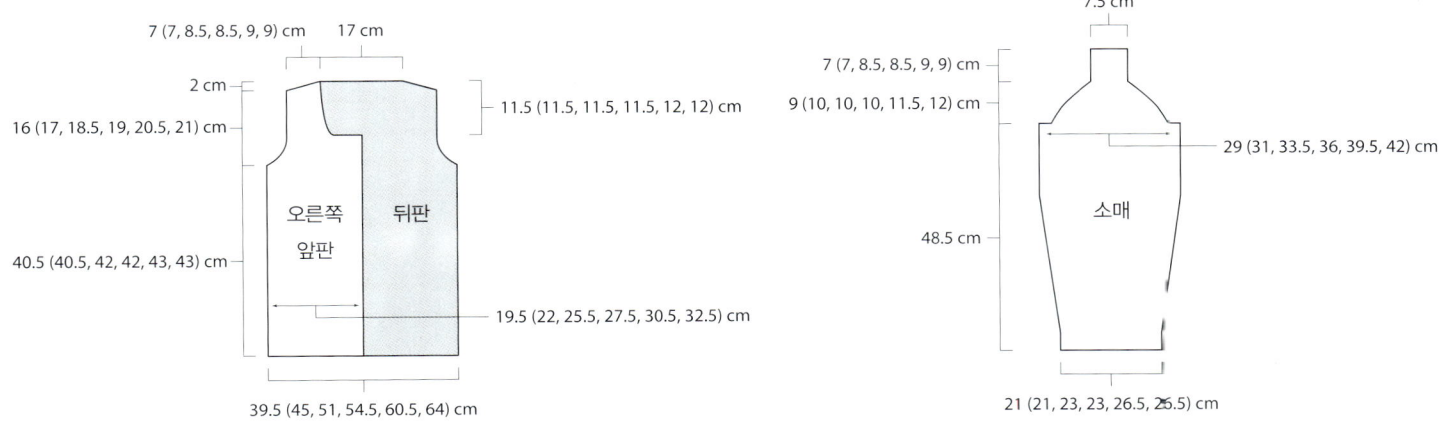

7 (7, 8.5, 8.5, 9, 9) cm   17 cm

2 cm

16 (17, 18.5, 19, 20.5, 21) cm

11.5 (11.5, 11.5, 11.5, 12, 12) cm

오른쪽 앞판   뒤판

40.5 (40.5, 42, 42, 43, 43) cm

19.5 (22, 25.5, 27.5, 30.5, 32.5) cm

39.5 (45, 51, 54.5, 60.5, 64) cm

7.5 cm

7 (7, 8.5, 8.5, 9, 9) cm

9 (10, 10, 10, 11.5, 12) cm

29 (31, 33.5, 36, 39.5, 42) cm

소매

48.5 cm

21 (21, 23, 23, 26.5, 26.5) cm

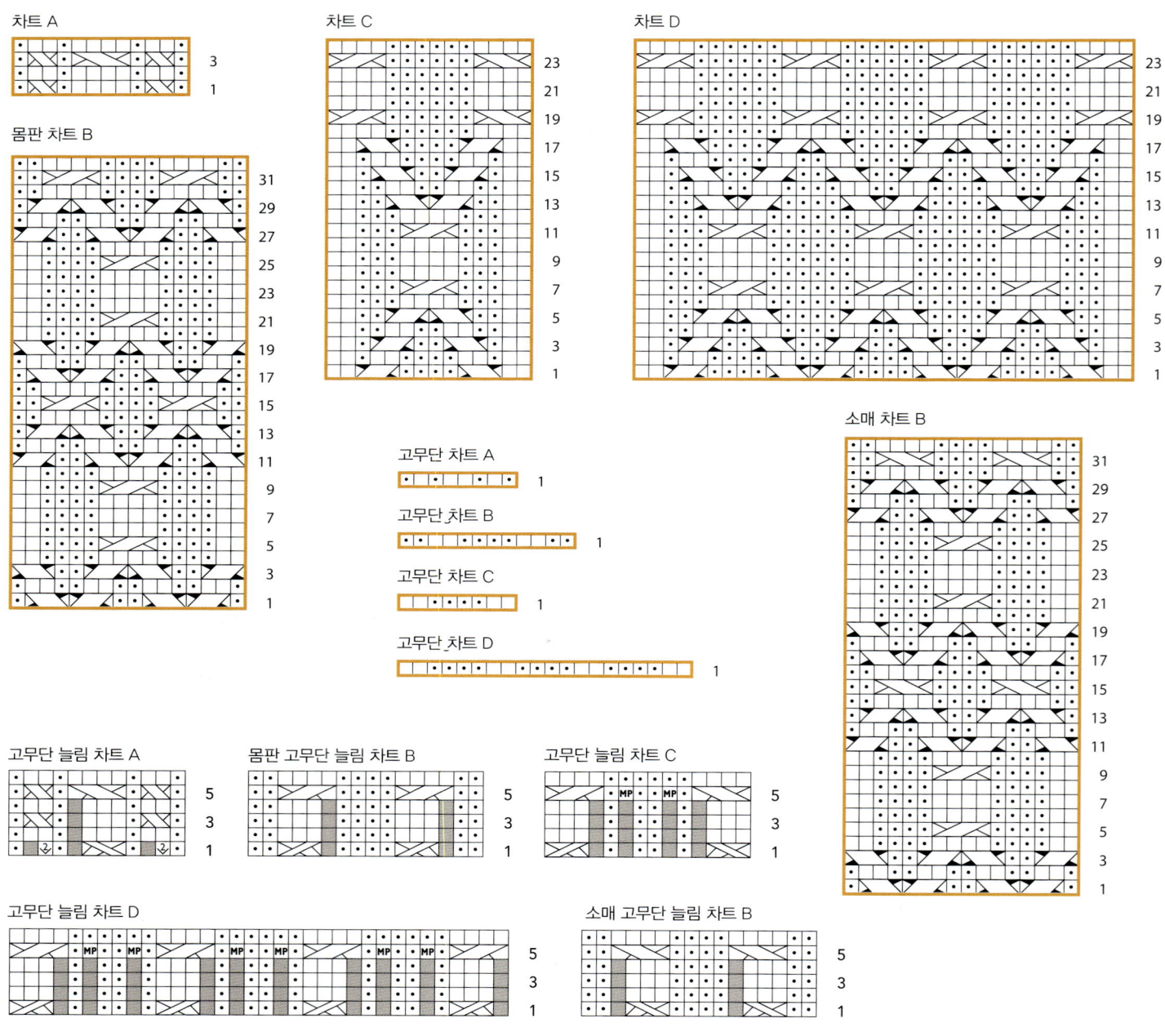

차트 A

몸판 차트 B

차트 C

차트 D

소매 차트 B

고무단 차트 A

고무단 차트 B

고무단 차트 C

고무단 차트 D

고무단 늘림 차트 A

몸판 고무단 늘림 차트 B

고무단 늘림 차트 C

고무단 늘림 차트 D

소매 고무단 늘림 차트 B

목둘레선 만들기

위에서 설정된 대로 진동을 계속 만들면서, 목둘레선 가장자리(겉면 단 시작부분)에서 18코를 코막음하고, 다음 번 겉면 단을 뜰 때 2코, 그 다음 겉면 단을 뜰 때 또 2코를 코막음한다. 겉면 단을 뜰 때마다 목둘레선 가장자리에서 1코 줄이기를 3번 한다. → 진동과 목둘레선 만들기가 다 끝나면 21(22, 25, 26, 27, 27)코가 남는다. 진동이 16(17, 18.5, 19, 20.5, 21)cm가 될 때까지 설정된 패턴대로 계속 뜨되, 겉면 단까지 뜨고 멈춘다.

어깨선 만들기

진동선 가장자리(안면 단 시작부분)에서 7(8, 9, 10, 10, 10)코를 코막음하고, 다음 번 안면 단을 뜰 때 7(7, 8, 9, 10, 11)코를 코막음한다. → 7(7, 8, 7, 7, 6)코가 남는다. 다음 번 안면 단에서 모든 코를 코막음한다.

왼쪽 앞판

3.5mm 바늘로 41(47, 53, 57, 63, 67)코를 만든다.

고무단 설정단: (겉면) 겉1, [안1, 겉1] 1(4, 7, 9, 12, 14)번, 콧수링 끼우기, 고무단 차트 A에 따라 8코 뜨기, 콧수링 끼우기, 고무단 차트 B에 따라 12코 뜨기, 콧수링 끼우기, 고무단 차트 A에 따라 8코 뜨기, 콧수링 끼우기, 고무단 차트 C에 따라 8코 뜨기, 콧수링 끼우기, 안1, 겉1.

편물의 길이가 시작단부터 6.5cm가 될 때까지 위에서 설정된 대로 고무단을 뜨되, 안면 단까지 뜨고 멈춘다. 4mm 바늘로 바꾼다.

늘림단: (겉면) 겉1, [안1, 겉1] 1(4, 7, 9, 12, 14)번, 콧수링 옮기기, 고무단 늘림 차트 A의 1단 뜨기, 콧수링 옮기기, 몸판 고무단 늘림 차트 B의 1단 뜨기, 콧수링 옮기기, 고무단 늘림 차트 A의 1단 뜨기, 콧수링 옮기기, 고무단 늘림 차트 C의 1단 뜨기, 콧수링 옮기기, 안1, 겉1. → 51(57, 63, 67, 73, 77)코.

설정된 패턴대로 가장자리에서는 메리야스뜨기를, 꽈배기 무늬의 양쪽에서는 멍석뜨기를 하면서 늘림 차트의 6단까지 뜬다. → 59(65, 71, 75, 81, 85)코.

설정단: (겉면) 겉1, 콧수링 앞까지 설정된 대로 멍석뜨기, 콧수링 옮기 기, 차트 A의 1단 뜨기, 콧수링 옮기기, 몸판차·트 B의 1단 뜨기, 콧수링 옮기기, 차트 A의 1단 뜨기, 콧수링 옮기기, 차트 C의 1단 뜨기, 콧수링 옮기기, 안1, 겉1.

편물이 뒤판의 진동까지 길이와 같아질 때까지 위에서 설정된 패턴대로 계속 뜨되, 안면 단까지 뜨고 멈춘다.

진동 만들기

주의: 진동을 만드는 도중에 목둘레선 만들기가 시작되므로 먼저 다음 부분을 끝까지 읽고 나서 계속 진행한다.

겉면을 마주보고 설정된 패턴대로 뜨면서, 진동선 가장자리(겉면 단 시작부분)에서 4(5, 5, 6, 6, 7)코를 코막음한다. 다음 겉면 단을 뜰 때 진동선 가장자리에서 2(3, 4, 5, 6, 6,)코를 코막음하고, 다음 겉면 단을 뜰 때는 0ㆍ0, 0, 0, 4, 5)코를 코막음한다.

⤬	꽈배기바늘에 1코 옮겨 편물 앞으로 잡고 1코 겉뜨기, 꽈배기바늘의 1코 겉뜨기
⤬	꽈배기바늘에 1코 옮겨 편물 뒤로 잡고 1코 겉뜨기, 꽈배기바늘의 1코 앞뒤로 겉뜨기해 1코 늘리기
⤬	꽈배기바늘에 1코 옮겨 편물 앞으로 잡고, 1코 앞뒤로 겉뜨기해 1코 늘리기, 꽈배기바늘의 1코 겉뜨기
⤬	꽈배기바늘에 1코 옮겨 편물 뒤로 잡고 2코 겉뜨기, 꽈배기바늘의 1코 안뜨기
⤬	꽈배기바늘에 2코 옮겨 편물 앞으로 잡고 1코 안뜨기, 꽈배기바늘의 2코 겉뜨기
⤬	꽈배기바늘에 1코 옮겨 편물 뒤로 잡고 2코 겉뜨기, 꽈배기바늘의 1코 앞뒤로 겉뜨기해 1코 늘리기
⤬	꽈배기바늘에 2코 옮겨 편물 앞으로 잡고 1코 앞뒤로 겉뜨기해 1코 늘리기, 꽈배기바늘의 2코 겉뜨기
⤬	꽈배기바늘에 2코 옮겨 편물 뒤로 잡고 2코 겉뜨기, 꽈배기바늘의 2코 겉뜨기
⤬	꽈배기바늘에 2코 옮겨 편물 앞으로 잡고 2코 겉뜨기, 꽈배기바늘의 2코 겉뜨기

☐	겉면에서 겉뜨기, 안면에서 안뜨기
·	겉면에서 안뜨기, 안면에서 겉뜨기
MP	안뜨기에서 1코 만들기*
↧	앞뒤로 겉뜨기해 1코 늘리기*
▨	코 없음
☐	반복 단위

→ 53(57, 62, 64, 65, 67) 코가 남는다.

겉면 단을 뜰 때마다 진동선 가장자리에서 1코 줄이기를 4(6, 8, 9, 9, 10)번 한 다음, [3단을 그냥 뜨고 4단째에 1코 줄이기]를 3(4, 4, 4, 4, 5)번 한다. 그와 동시에 진동 길이가 6.5(7.5, 9, 9.5, 10, 11)cm가 된 지점부터 다음과 같이 목둘레선 만들기를 시작한다.

목둘레선 만들기

위에서 설정된 대로 진동을 계속 만들면서, 목둘레선 가장자리(안면 단 시작부분)에서 18코를 코막음하고, 다음 번 안면 단을 뜰 때 2코, 그 다음 안면 단을 뜰 때 또 2코를 코막음한다. 겉면 단을 뜰 때마다 목둘레선 가장자리에서 1코 줄이기를 3번 한다. → 진동과 목둘레선 만들기가 다 끝나면 21(22, 25, 26, 27, 27)코가 남는다. 진동이 16(17,

18.5, 19, 20.5, 21)cm가 될 때까지 설정된 패턴대로 계속 뜨되, 안면 단까지 뜨고 멈춘다.

어깨선 만들기

진동선 가장자리(겉면 단 시작부분)에서 7(8, 9, 10, 10, 10)코를 코막음하고, 다음 번 겉면 단을 뜰 때 7(7, 8, 9, 10, 11)코를 코막음한다. → 7(7, 8, 7, 7, 6)코가 남는다. 다음 번 겉면 단에서 모든 코를 코막음한다.

소매

3.5mm 바늘로 46(46, 50, 50, 58, 58)코를 만든다.

고무단 설정단: (겉면) 겉1, [안1, 겉1] 4(4, 5, 5, 7, 7)번, 콧수링 끼우기, 고무단 차트 A에 따라 8코 뜨기, 콧수링 옮기기, 고무단 차트 B에 따라 12코 뜨기, 콧수링 끼우기, 고무단 차트 A에 따라 8코 뜨기, 콧수링 끼우기, [겉1, 안1] 4(4, 5, 5, 7, 7)번, 겉1.

편물의 길이가 시작단부터 3.8cm가 될 때까지 위에서 설정된 대로 고무단을 뜨되, 안면 단까지 뜨고 멈춘다. 4mm 바늘로 바꾼다.

늘림단: (겉면) 겉1, [안1, 겉1] 4(4, 5, 5, 7, 7)번, 콧수링 옮기기, 고무단 늘림 차트 A의 1단 뜨기, 콧수링 옮기기, 소매 고무단 늘림 차트 B의 1단 뜨기, 콧수링 옮기기, 고무단 늘림 차트 A의 1단 뜨기, 콧수링 옮기기, [안1, 겉1] 4(4, 5, 5, 7, 7)번, 겉1. → 54(54, 58, 58, 66, 66)코.

설정된 패턴대로 가장자리에서는 메리야스뜨기를, 꽈배기 무늬의 양쪽에는 멍석뜨기를 하면서 늘림 차트의 6단까지 뜬다. → 58(58, 62, 62, 70, 70)코.

설정단: (겉면) 겉1, [안1, 겉1] 4(4, 5, 5, 7, 7)번, 콧수링 옮기기, 차트 A의 1단 뜨기, 콧수링 옮기기,

소매 차트 B의 1단 뜨기, 콧수링 옮기기, 차트 A의 1단 뜨기, 콧수링 옮기기, [안1, 겉1] 4(4, 5, 5, 7, 7)번, 겉1.

설정된 패턴을 유지하면서, [7단은 그냥 뜨고 8단째에 양끝에서 1코씩 늘리기]를 9(11, 11, 14, 13, 16)번 한다. 새로 생긴 코도 멍석뜨기한다. → 76(80, 84, 90, 96, 102)코.

편물이 시작단부터 48.5cm가 될 때까지, 또는 겨드랑이까지 원하는 길이가 될 때까지 위에서 설정된 패턴대로 계속 뜨되, 안면 단까지 뜨고 멈춘다.

소맷마루 만들기

설정된 패턴을 유지하면서 단 시작부분에서 5(5, 5, 5, 5, 6)코씩 코막음하며 다음 2단을 뜨고, 같은 위치에서 3(3, 3, 4, 4, 4)코씩 코막음하면서 그 다음 2단을 뜬다. → 56(60, 64, 66, 72, 76)코가 남는다.

매 단마다 양끝에서 1코씩 줄이기를 0(0, 2, 4, 6, 8)번 하고, 1단을 그냥 뜨고 2번째 단에서 1코씩 줄이기를 8(10, 10, 9, 10, 10)번 한다. 이때 겉면 단에서는 [겉1, 오른코 모아뜨기, 3코 남을 때까지 패턴대로 뜨기, 2코 모아 겉뜨기, 겉1]의 방법으로 줄이고, 안면 단에서는 [안1, 2코 모아 안뜨기, 3코 남을 때까지 패턴대로 뜨기, 안뜨기에서 오른코 줄이기*, 안1]의 방법으로 줄인다. → 모든 줄임단에서 2코씩 준다. 코줄임이 다 끝나면 40코가 남는다.

단의 시작부분에서 2코씩 코막음하며 다음 4단을 뜨고, 3코씩 코막음하며 그 다음 4단을 뜬다. → 20코가 남는다.

어깨 안장 부분

다음 단: (겉면) 겉1, 안1, 2코 남을 때까지 소매 차트

B 뜨기. 안1, 겉1.

가장자리는 메리야스뜨기로, 연결하는 코는
안메리야스뜨기(겉면에서 안뜨기, 안면에서
겉뜨기)로 하면서 설정된 패턴대로 뜬다. 안장부분이
7(7, 8.5, 8.5, 9, 9)cm가 될 때까지, 또는 앞판
어깨선 넓이와 같은 길이가 될 때까지 뜨고 모든
코를 코막음한다.

마무리

편물의 각 부분을 치수에 맞추어 가볍게
스팀다림질한다. 실을 돗바늘에 끼워 소맷마루
앞쪽을 앞판 진동에 꿰맨 다음, 안장부분의 양쪽을
각각 앞판과 뒤판의 어깨선에 꿰매고, 소맷마루
뒤쪽을 뒤판 진동에 꿰맨다. 그런 다음 소매와
옆선의 솔기를 꿰맨다.

단추 앞단

3.5mm 바늘을 가지고 겉면을 마주본 채 왼쪽 앞판
가장자리를 따라 코가 고루 나뉘도록 하면서 95(97,
102, 104, 107, 108)코를 줍는다. 앞단의 길이가
코를 주운 자리부터 2.5cm가 될 때까지 멍석뜨기를
한다. 패턴에 맞추어 모든 코를 코막음한다. 단추
11개를 달 위치를 표시하는데, 하나는 시작단에서
1.3cm 위에, 다른 하나는 목둘레선 가장자리에서
2.5cm 아래에 표시하고 나머지는 둘 사이에 간격이
고르게 배치한다.

단춧구멍 앞단

3.5mm 바늘을 가지고 겉면을 마주본 채 오른쪽
앞판 가장자리를 따라 코가 고루 나뉘도록 하면서
95(97, 102, 104, 107, 108)코를 줍는다. 앞단의
길이가 코를 주운 지점부터 1.3cm가 될 때까지
멍석뜨기를 하되, 안면 단까지 뜨고 멈춘다.

단춧구멍단: (겉면) 패턴대로 뜨면서, 왼쪽
앞단에 표시된 단추 달 위치에 맞추어 '2코 1단
단춧구멍*'을 만든다.

앞단이 코를 주운 지점부터 2.5cm가 될 때까지
패턴대로 계속 뜬다. 모든 코를 패턴에 맞추어
코막음한다.

목둘레단

3.5mm 바늘을 가지고 겉면을 마주본 채, 목둘레선
가장자리를 따라 코가 고루 나뉘도록 하며 127코를
줍는다. 코를 주운 지점부터 2cm가 될 때까지
멍석뜨기를 하고 안면 단까지 뜨고 멈춘다.

단춧구멍단: (겉면) 패턴대로 뜨면서, 오른쪽
앞단의 단춧구멍과 일렬이 되는 위치에 '2코 1단
단춧구멍'을 만든다.

코를 주운 지점부터 2.5cm가 될 때까지 패턴대로
계속 뜬다. 모든 코를 패턴에 맞추어 코막음한다.

남은 실꼬리를 편물에 엮어 정리한다. 단춧구멍의
반대편에 단추를 단다.

Tilghman Island pullover

틸먼 아일랜드 풀오버

북해 연안 지역의 바닷가 생활에서 영감을 얻어 만든 이 보트넥 풀오버는
요크와 소매 전체에 들어간 작은 다이아몬드 무늬로 전통적인 페어아일
패턴에 새로운 느낌을 가미했다. 형태는 더할 수 없이 단순하고 전통을
그대로 따르고 있지만, 보일 듯 말 듯 들어간 허리선과 수정된 드롭 숄더가
몸매의 단점을 커버해준다. 소매는 커프부터 진동 이전까지 일자로
떠올라가기 때문에 커프 위에서는 다소 블라우스 소매 같은 느낌을 주고
팔 위쪽으로 갈수록 몸에 붙는 모양이 되어 여성적인 느낌을 살려주는데,
이 점은 파랑과 흰색의 다소 강렬한 색상조합을 부드럽게 완화시켜준다.
요크 전체에 페어아일 무늬가 있지만 요크의 모양에 변화가 없기 때문에
무늬도 쉽고 빠르게 뜰 수 있다.

완성 사이즈

가슴둘레 약 74.5(85, 95, 106, 117)cm.
견본 사이즈는 85cm.

실

굵기: 합태사(Sportweight)

견본에 사용한 실: The Fibre Company의 Savannah
(울 50%, 면 20%, 린넨 15%, 콩섬유 5%, 146m/50g)
색상기호 bluegrass(바탕색) 8(9, 10, 11, 12)볼,
natural(배색) 1(1, 2, 2, 2,) 볼.

바늘

몸판과 소매: 4mm 6Ccm 줄바늘과
양끝이 뾰족한 막대바늘 4~5개.

테두리: 3.75mm 60cm 줄바늘과 막대바늘 4~5개
게이지가 정확히 맞지 않으면 바늘 굵기를 바꿔서
조정한다.

기타 준비물

콧수링, 스티치홀더 돗바늘

게이지

4mm 바늘을 가지그 원통으로
메리야스뜨기를 했을 때 23코 32단=가로 세로 10cm

디자인: 커트니 킬리

스티크(Steeks)

스티크는 어렵게 여겨질 수도 있지만 그 어려움을 상쇄할 만한 큰 이점이 있다. 스티크를 활용하면 스웨터를 원통형으로 뜬 다음 편물을 가로로 잘라 카디건으로 만들거나 진동이나 목둘레선을 낼 수 있다. 재봉틀로 (또는 코바늘을 쓰거나 실과 바늘을 써도 된다) 스테이 스티치를 한 두 줄 박아두면 잘라도 편물이 풀어지지 않는다.

진동이나 목둘레선을 내기 위한 스티크 코를 만들 때는, 패턴에 표시된 대로 적당한 수의 코를 코막음하고, 그 다음 단을 뜰 때 계속 원통형으로 뜰 수 있도록 여분의 '스티크'용 코를 만든다. 일반적으로 스티크 코는 코막음한 코의

수만큼 만들지 않아도 되고, 보통 5~7코 정도나 넓이 2.5cm 정도면 충분한다. 각 단을 뜰 때 사용하는 실로 단순한 줄무늬나 바둑판무늬로 이 코들을 뜨면 플로트가 너무 길어지는 것을 방지할 수 있고, 더 중요하게는 나중에 가위로 자를 자리를 알아보기 쉽게 표시할 수 있다.

어깨선까지 떴으면 일반 코와 스티크 코 모두 코막음한 다음. 다음과 같이 스티크 코를 자른다.

1단계. 가운데 스티크 스티치의 중심선을 따라 색깔이 다른 실로 시침질을 한다(그림 1).

2단계. 재봉틀의 바늘땀을 가장 작게 설정하고, 위에서 시침질한 중심 스티크 스티치의 양옆에

한 줄씩 박음질을 하여(그림 2) 가장자리가 풀리지 않도록 해둔다.

3단계. 재봉틀로 박은 박음질 선을 건드리지 않도록 주의하면서, 표시해둔 중심 스티크 스티치 선을 따라 가위질을 한다(그림 3).

이 스웨터에서는 소매의 끝부분에 안메리야스뜨기로 안감 분을 뜨는데, 이 안감은 소매를 진동에 꿰맨 뒤에 스웨터의 안면에서 바느질하여, 잘라낸 스티크의 가장자리를 감싸게 된다. 그러면 안면이 깔끔하게 정리될 뿐 아니라, 잘라낸 가장자리가 옷을 입는 과정에서 닳아서 해지는 것도 막아준다.

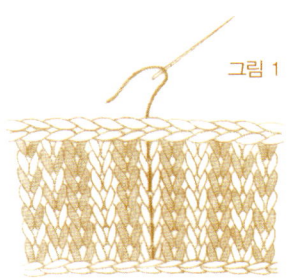

그림 1

그림 2

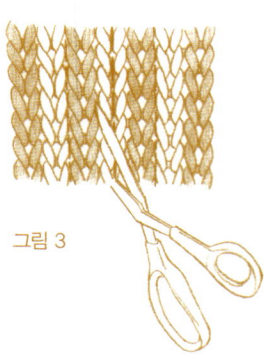

그림 3

몸판

배색 실과 3.75mm 바늘로 168(192, 216, 240, 264)코를 만든다. 콧수링을 끼우고 코들이 꼬이지 않게 조심하며 원통뜨기를 하도록 양끝을 연결한다. 각 단은 옆 '솔기'에서 시작한다. 바탕색 실로 바꾸어 1단을 겉뜨기한다. 2코 고무뜨기를 하며 84(96, 108, 120, 132)코를 뜬 다음 콧수링을 끼워 반대편 '솔기'를 표시한다. 편물이 시작단부터 5cm가 될 때까지 2코 고무뜨기를 계속한다. 4mm 바늘로 바꾸어 메리야스뜨기(매 단 겉뜨기)로 2.5cm를 뜬다. 하단 띠 차트의 1~19단을 뜨고 메리야스뜨기로 2.5cm를 더 뜬다.

줄임단: 겉1, 2코 모아 겉뜨기, 다음 콧수링 앞 3코 남을 때까지 겉뜨기, 오른코 모아뜨기, 겉1, 콧수링 옮기기, 겉1, 2코 모아 겉뜨기, 다음 콧수링 앞 3코 남을 때까지 겉뜨기, 오른코 모아뜨기, 겉1. → 4코가 준다.

코줄임 없이 5(5, 5, 7, 7)단을 뜬다.

위의 6(6, 6, 8, 8)단을 3번 더 반복한다. → 152(176, 200, 224, 248)코가 남는다.

마지막 코 줄인 지점에서 3.8(3.8, 5, 6.5, 6.5)cm가 될 때까지 메리야스뜨기한다.

늘림단: 겉1, 1코 만들기(82쪽 참고), 다음 콧수링 앞 1코 남을 때까지 겉뜨기, 1코 만들기, 겉1, 콧수링 옮기기, 겉1, 1코 만들기, 다음 콧수링 앞 1코 남을 때까지 겉뜨기, 1코 만들기, 겉1. → 4코가 는다.

코늘림 없이 5(5, 5, 7, 7)단을 뜬다.

위의 6(6, 6, 8, 8)단을 3번 더 반복한다. → 168(192, 216, 240, 264)코.

편물이 시작단부터 40.5(40.5, 42, 43, 44.5)cm가 될 때까지 또는 겨드랑이까지 원하는 길이가 될 때까지 계속 뜬다. 마지막 단에서는 단의 끝부분을 표시한 콧수링 앞에 7(7, 8, 8, 9)코가 남을 때까지만 뜬다.

앞판과 뒤판 나누기

도중에 콧수링이 나오면 빼면서, 14(14, 16, 16, 18)코를 코막음하고 다음 콧수링 앞 7(7, 8, 8, 9)코 남을 때까지 겉뜨기하고, 14(14, 16, 16, 18)코를 코막음하고 끝까지 겉뜨기한다. → 앞판과 뒤판에 각 70(82, 92, 104, 114)코가 남는다.

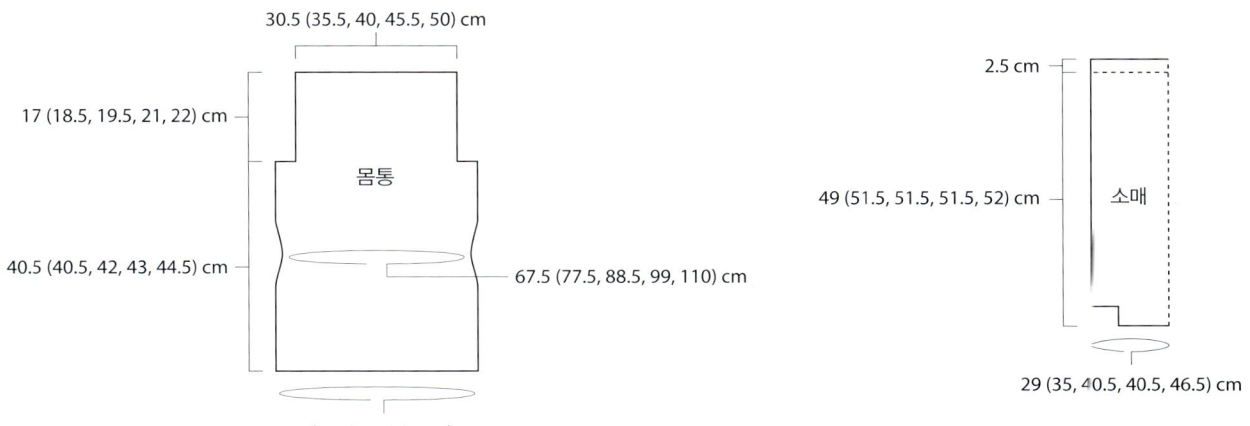

스티크 설정단: 콧수링을 끼우고 감아 코 만들기 방법*으로 스티크 용 6코를 만든다(140쪽 사이드바 참고). 콧수링을 끼우고 코막음한 앞까지 겉뜨기하고, 콧수링을 끼우고, 뒤로 감아 스티크 용 6코를 만들고, 콧수링을 끼우고, 끝까지 겉뜨기한다.

스티크 코들은 모든 단에서 [겉1, 1코 겉뜨기로 꼬아뜨기, 겉2, 1코 겉뜨기로 꼬아뜨기, 겉1]로 뜨면서, 편물이 스티크 설정단부터 6.5(7.5, 9, 10, 11.5)cm가 될 때까지 계속 메리야스뜨기한다.

다음 단: ※스티크 코 끝까지 뜨기, 콧수링 옮기기, 2코 모아 겉뜨기. ※표한 부분 1번 반복, 끝까지 겉뜨기. → 앞판과 뒤판에 각 69(81, 91, 103, 113)코씩, 각 스티크에 6코씩.

스티크 코들은 모든 단에서 [바탕색 겉1, 배색 1코 겉뜨기로 꼬아뜨기, 바탕색 겉2, 배색 1코 겉뜨기로 꼬아뜨기, 바탕색 겉1]로 뜨면서, 나머지 코들은 요크 차트에 표시된 사이즈별 시작과 끝 위치에 맞추어 요크 차트의 1~23단을 뜬다. 바탕색 실을 가지고 6mm만큼 메리야스뜨기를 한다.

목단 나누기

스티크 6코를 코막음하고 다음 스티크 코 앞까지 겉뜨기, 스티크 6코 코막음, 끝까지 겉뜨기. → 앞판과 뒤판에 각 69(81, 91, 103, 113)코씩 남는다. 뒤판의 코들만 단면뜨기로 다음과 같이 계속 뜬다.

설정단: (안면) 안1, ※겉2, 안2. 0(0, 2, 2, 0)코가 남을 때까지 ※표한 부분 반복, 겉0(0, 2, 2, 0).

목단이 2.5cm가 될 때까지 위에서 설정한 대로 고무뜨기를 계속하되, 겉면 단까지 뜨고 멈춘다. 배색 실로 바꾸어 모든 코를 패턴대로 코막음한다. 이어서 앞판의 코들을 뒤판과 같은 방법으로 고무뜨기하며 안면 단까지 뜬다. 배색 실로 모든 코를 패턴대로 코막음한다.

소매

배색실과 3.75mm 바늘을 가지고 40(48, 56, 56,

요크 차트

사이즈 95cm 끝
106cm 끝
74.5cm 끝
85cm, 117cm 끝
85cm, 117cm 시작
74.5cm 시작
106cm 시작
95cm 시작

하단 띠

소매 차트

- ☒ 바탕색
- ☐ 배색
- ▭ 반복 단위

64)코를 만든다. 3~4개의 막대바늘에 코들을 최대한 균등하게 나눈 다음 콧수링을 끼우고, 코들이 꼬이지 않도록 조심하며 원통뜨기를 하도록 양끝을 연결한다. 바탕색 실로 바꾸어 편물이 3.8cm가 될 때까지 2코 고무뜨기한다. 4mm 바늘로 바꾸어 모든 코를 앞뒤로 겉뜨기해 1코 늘리기*한다. → 80(96, 112, 112, 128)코.

편둘의 길이가 45.5(48.5, 48.5, 48.5, 48.5)cm가 될 때까지 소매 차트의 1~8단을 반복한다.

콧수링을 끼운 자리에서 편물을 나누어 단면뜨기로 3.2(3.2, 3.2, 3.2, 3.8)cm를 더 뜬다. 바탕색 실을 가지고 스티크의 안감 용으로 안메리야스뜨기(겉면에서 안뜨기, 안면에서 겉뜨기)로 2.5cm 정도 뜨고 모든 코를 코막음한다.

마무리

스티크 자르기

재봉틀의 바늘땀을 가장 작게 설정하여, 각 스티크에서 배색 실로 꼬아뜨기한 선 안쪽에 2줄을 박음질한다. 재봉틀로 박은 두 줄 사이를 잘 드는 가위로 조심스럽게 자른다. 재봉틀로 박은 코들은 그대로 남기고 여분의 실밥은 정리한다.

목단

어깨선에서 뒤판의 목단이 앞단의 목단 위로 올라가도록 두 목단을 포개고 끝 가장자리에서 감침질*로 연결한다.

솔기

바탕색 실을 돗바늘에 끼워 매트리스 스티치*로 소매를 진동에 연결하고, 소매의 나뉜 부분을 몸판 겨드랑이의 코막음한 가장자리에 연결한다. 스티크 안감은 몸판 안쪽에서 잘린 스티크 가장자리를 감싸도록 감침질한다.

남은 실꼬리를 편물에 엮어 정리하고, 치수에 맞춰 블로킹한다.

Vorderrhein hat

포더라인 모자

꼬아뜨기 꽈배기는 겉뜨기로 꼬아뜬 선들이 서로 얽히면서 전체적으로 꽈배기 무늬를 만들어낸다. 이 무늬 덕에 아름다운 입체감과 독특한 질감이 살아 있는 쫀쫀한 편물이 만들어진다. 이 독특한 유형의 꽈배기 무늬가 언제부터 사용되었는지에 대해서는 별로 알려진 바가 없지만, 많은 사람들이 독일의 깊숙한 숲과 옹이가 많은 나무들이 그 무늬에 영감을 준 기원이라고 생각한다. 이 따뜻한 모자의 풍성한 무늬는 꼬아뜬 고무단에서 시작해서 꽈배기 무늬로 바뀌면서 위쪽의 길고 통 넓은 모자의 몸체로 이어진다. 모자의 정수리 부분에서는 콧수를 줄이지만 꽈배기 무늬의 연속성은 그대로 유지된다. 모자의 정수리에 커다란 방울을 달아 완성한다.

완성 사이즈

둘레 약 47.5cm.
방울을 제외한 길이 약 23.5cm. 성인용.

실

굵기: 병태사(Worsted)

견본에 사용한 실: The Fibre Company의 Organik
(메리노 울 70%, 베이비 알파카 15%, 실크 15%,
90m/50g), 색상기호 atoe(청록색) 2볼

바늘

몸판: 4.5mm 40cm 줄바늘과
양끝이 뾰족한 막대바늘 4~5개

고무단: 3.75mm 40cm 줄바늘

게이지가 정확히 맞지 않으면 바늘 굵기를 바꿔서
조정한다.

기타 준비물

콧수링. 꽈배기바늘 2개. 방울 만들기 키트나
틀로 쓸 판지. 돗바늘

게이지

4.5mm 바늘로 원통뜨기로 꽈배기 무늬를 떴을 때:
반복 단위 하나(24코)=ㄱ·로 9.5cm
23단=세로 10cm

디자인: 케이트 개그넌 으스본

모자

3.75mm 줄바늘로 100코를 만든다. 콧수링을
끼우고 코들이 꼬이지 않게 조심하면서 원통뜨기를
하도록 양끝을 연결한다. 고무단 차트의 1단을
11번 뜬다. → 편물이 약 3.8cm가 된다.

고무단 차트의 2단과 3단을 뜬다. → 120코.

4.5mm 줄바늘로 바꾼다.

꽈배기 차트의 1~16단을 2번 뜬다.

꽈배기 줄임 차트의 1~10단을 뜬다. 도중에
줄바늘을 쓰기에 콧수가 너무 적어지면 막대바늘로
바꾼다. → 30코가 남는다.

다음 단: ※1코 겉뜨기로 꼬아뜨기. 안1.
안뜨기하듯이 1코 걸러뜨기, 2코 모아 겉뜨기,

걸러 뜬 코로 모아 뜬 코 덮어씌우기, 안1. ※표한
부분 반복. → 20코가 남는다.

다음 단: ※안뜨기하듯이 1코 걸러뜨기, 겉1, 걸러뜬
코로 겉뜨기한 코 덮어씌우기. ※표한 부분 반복. →
10코가 남는다.

마무리

실꼬리를 약 20cm 남기고 실을 자른다. 실꼬리를
남은 코들에 꿰어 단단히 당겨 구멍을 매우고 편물
안쪽에서 실꼬리를 고정한다. 살짝 블로킹한다.

방울 만들기

남은 실을 가지고, 방울 만들기 키트를 활용하거나
다음과 같은 방법으로 5cm 크기의 방울을 만든다.

판지를 가로 세로 5cm의 정사각형으로 오린다.
나중에 방울을 묶어 달도록 실을 30cm 정도
잘라둔다. 나머지 실로 마분지를 감는다.
더 많이 감을수록 방울이 더 통통해진다. 감은 실을
마분지에서 빼내고 미리 잘라둔 30cm 실로 감은
실 뭉치의 가운데를 단단히 묶는다. 양쪽의 고리
부분을 자르고 방울 모양으로 둥글게 부풀린다.
가운데를 묶은 실로 방울을 모자 정수리에 튼튼하게
꿰맨다. 남은 실꼬리를 편물에 엮어 정리한다.

꽈배기바늘 없이 꽈배기무늬 뜨기

이 프로젝트는 꽈배기바늘 없이 꽈배기무늬
만드는 법을 배우기에 아주 좋다. 대부분 2코
만으로 꽈배기무늬를 만드니 코를 빠뜨릴 위험이
적기 때문이다. 설명을 간단히 하기 위해서
여기서는 1코와 1코로 꽈배기 만드는 법을
설명하지만 더 많은 코로 꽈배기를 만들 때도
똑같은 원리가 적용된다.

1단계: 왼쪽 바늘의 첫코를 바늘에서 빼어(그림
1). 왼쪽으로 기울어지는 꽈배기일 경우에는
편물 앞쪽에, 오른쪽으로 기울어지는 꽈배기일
경우에는 편물 뒤쪽에 둔다.

2단계: 다음 코를 잠시 오른쪽 바늘에 옮겨 두고,
먼저 빼둔 코는 편물의 앞쪽(그림 2)이나
뒤쪽에 둔다.

3단계: 빠져 있는 코를 다시 왼쪽 바늘로
옮긴 다음 오른쪽 바늘에 옮겨둔 코도
다시 옮긴다(그림 3).

4단계: 이 2코를 그 순서 그대로 뜨면(그림 4)
꽈배기 무늬가 완성된다.

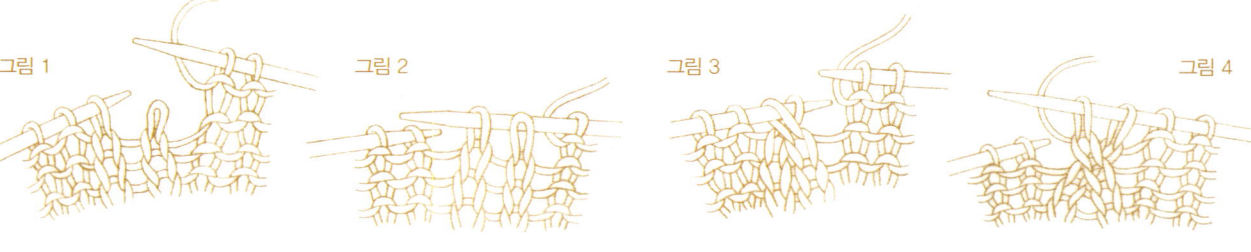

그림 1   그림 2   그림 3   그림 4

꽈배기 차트

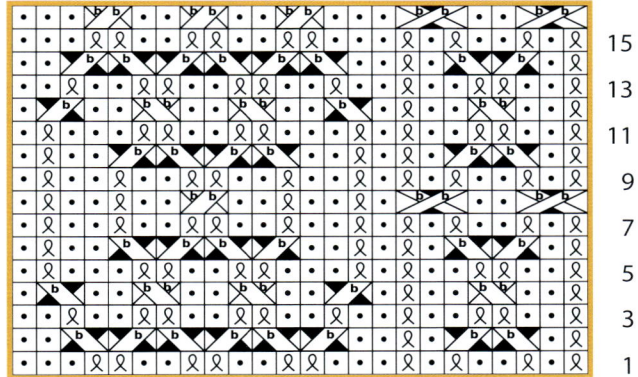

15
13
11
9
7
5
3
1

꽈배기 줄임 차트

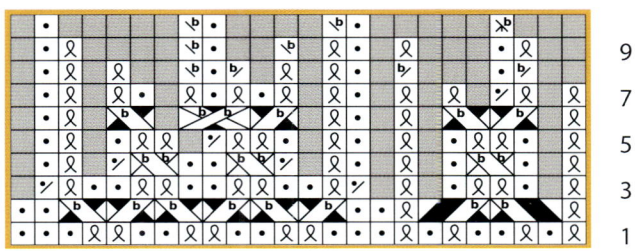

9
7
5
3
1

고무단 차트

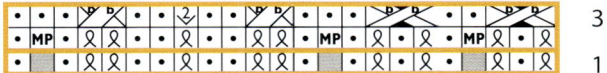

3
1

기호	설명
𝒬	1코 겉뜨기로 꼬아뜨기
•	안뜨기
↘	2코 모아 안뜨기
↶	안뜨기하듯이 2코 걸러뜨기, [왼쪽 바늘 끝을 코의 오른쪽에서 왼쪽으로 찔러 넣어 왼쪽 바늘로 다시 1코 옮기기] 2번, 2코 모아 겉뜨기.
↷	꼬아서 2코 모아 겉뜨기
↗	안뜨기하듯이 1코 걸러뜨기, 2코 모아 겉뜨기, 걸러뜬 코로 겉뜨기한 코 덮어씌우기
MP	안뜨기에서 1코 만들기*
↴	앞뒤로 겉뜨기해 1코 늘리기*
▨	코 없음
▭	반복 단위

꽈배기바늘에 1코 옮겨 편물 뒤로 잡고, 1코 겉뜨기로 꼬아뜨기, 꽈배기바늘의 1코 겉뜨기로 꼬아뜨기

꽈배기바늘에 1코 옮겨 편물 앞으로 잡고, 1코 겉뜨기로 꼬아뜨기, 꽈배기바늘의 1코 겉뜨기로 꼬아뜨기

꽈배기바늘에 1코 옮겨 편물 뒤로 잡고, 1코 겉뜨기로 꼬아뜨기, 꽈배기바늘의 1코 안뜨기

꽈배기바늘에 1코 옮겨 편물 앞으로 잡고, 1코 안뜨기, 꽈배기바늘의 1코 겉뜨기로 꼬아뜨기

꽈배기바늘에 1코 옮겨 편물 뒤로 잡고, 1코 겉뜨기로 꼬아뜨기, 꽈배기바늘의 1코를 왼쪽 바늘에 옮기기, 2코 모아 안뜨기

꽈배기바늘에 1코 옮겨 편물 뒤로 잡고, 다른 꽈배기바늘에 1코 옮겨 편물 앞으로 잡고, 첫 번째 꽈배기바늘의 1코를 왼쪽 바늘에 옮기고, 2코 모아 안뜨기, 꽈배기바늘의 1코 겉뜨기로 꼬아뜨기

꽈배기바늘에 1코 옮겨 편물 뒤로 잡고, 다른 꽈배기바늘에 1코 옮겨 편물 뒤로 잡고, 1코 겉뜨기로 꼬아뜨기, 두 번째 꽈배기바늘의 1코 안뜨기, 첫 번째 꽈배기바늘의 1코 겉뜨기로 꼬아뜨기

Ajiro scarf
아지로 스카프

이 스카프는 에바 마리아 레츠너가 독일의 빈티지 뜨개에 관해 쓴
《한트슈에*Handschuhe*》라는 책에 실린 사진 한 장을 보고 영감을 받아
만들었다. 바구니 짜임 무늬에서 고기잡이 그물이 연상되어 바다와
해변이라는 주제를 강조하려고 푸른색과 염색하지 않은 자연스러운 색을
선택했다. 일본어 '아지로あじろ'는 바구니를 짤 때 쓰는 헤링본 무늬를
가리키는데, 이 무늬는 오랜 고기잡이 전통과 자연에서 빌려온 과감한
도형적 표현으로 잘 알려진 일본과 아주 잘 어울리는 것 같다. 이 스카프는
원통형으로 뜨기 때문에 안면 단을 뜰 필요가 없어서 페어아일 무늬를
뜨는 방식도 단순할 뿐 아니라, 편물이 두 겹이 되어 보온성도 높다.
이 스카프만 두르면 매서운 강풍이 몰아치는 해변에서도 끄떡없을 것이다.

완성 사이즈
블로킹한 후 가로 약 15cm 세로 약 140cm

실
굵기: 합태사(Sportweight)

견본에 사용한 실: The Fibre Company의
Road to China Light (베이비 알파카 65%, 실크 15%,
캐멀 10%, 캐시미어 10%; 145m/50g), 색상기호
riverstone(바탕색) 3볼, ε quamarine(배색) 2볼.

바늘
몸판: 3.5mm 40cm 줄바늘

테두리: 3.25mm 40cm 줄바늘
게이지가 정확히 맞지 않으면 바늘 굵기를 바꿔서
조정한다.

기타 준비물
임시코 만들기에 쓸 대조적인 색깔의 다른 실과
3.5mm 코바늘, 콧수링, 돗바늘

게이지
3.5mm 바늘로 원통뜨기로 무늬를 떴을 때
32코 25단=가로 세로 10cm

디자인: 커트니 켈리

스카프

대조적인 색의 다른 실과 배색 실. 3.5mm 40cm의 줄바늘을 가지고 코바늘로 임시코 만들기* 방법으로 98코를 만든다. 콧수링을 끼우고 코들이 꼬이지 않게 조심하면서 원통뜨기를 할 수 있도록 양끝을 연결한다.

다음 단: 아지로 차트의 1단에 따라 49코를 뜨고, 콧수링을 끼우고, 나머지 49코를 차트의 오른쪽 가장자리부터 시작해서 차트의 1단을 뜬다.

위에서 설정된 대로, 편물이 시작단부터 137cm가 될 때까지 아지로 차트의 1~12단을 반복하되,

차트의 1단 또는 7단까지 뜨고 멈춘다. 3.25mm 바늘과 배색 실로 바꾸어 겉뜨기로 1단을 뜬다.

마무리

앞쪽의 49코를 한 바늘에 옮기고 뒤쪽의 49코를 또 다른 바늘에 옮긴다. 왼손으로 두 바늘을 평행이 되게 잡고, 오른손으로는 3.25mm 줄바늘의 반대쪽 끝을 잡고, 배색 실로 다음과 같이 겉뜨기한다.
※오른쪽 바늘 끝을 앞쪽 바늘의 첫째 코에 넣은 다음 이어서 뒤쪽 바늘의 첫째 코에 넣고,

이 두 코를 모아서 겉뜨기한다. ※표한 부분을 끝까지 반복한다. → 49코가 남는다.

가터뜨기(모든 단 겉뜨기)로 4단을 뜬다. 모든 코를 코막음한다.

반대쪽 끝에서 임시코를 만들었던 다른 실을 조심스럽게 풀어내고 위와 같은 방법으로 마무리한다.

긴 플로트 고정하기

스트랜디드 기법으로 무늬를 뜰 때는, 뜨지 않는 실을 편물 뒤쪽에서 가로로 끌고 가서 생기는 플로트가 5코(또는 게이지에서 1인치에 들어가는 콧수)를 넘지 않아야 한다. 때로는 플로트가 더 길어지는 패턴도 있는데, 7코만큼 끌고 가야 하는 이 아지로 스카프도 이 경우에 해당한다. 적당한 장력을 유지하면서 플로트가 길어지지 않게 하려면, 이 긴 플로트들을 편물 뒤쪽에서 '시침질'하듯이 고정해준다.

1단계: 바탕색 실로 2코나 3코를(그림에서는

2코) 겉뜨기하고, 오른쪽 바늘 끝을 왼쪽 바늘의 다음 코에 찔러 넣은 다음, 뜨지 않는 실(이 경우에는 배색실)을 오른쪽 바늘 위에 걸치고(그림 1), 뜨는 실(이 경우에는 바탕색 실)로 평소처럼 그 코를 겉뜨기한다.

2단계: 뜨지 않는 실을 내리고 이 실이 편물 뒷면에 붙잡히도록 다음 코를 뜬다(그림 2).

스트랜디드 뜨개에서는 늘 그렇듯이 편물 뒤편에 걸린 플로트는 적당히 느슨한 상태로 유지한다.

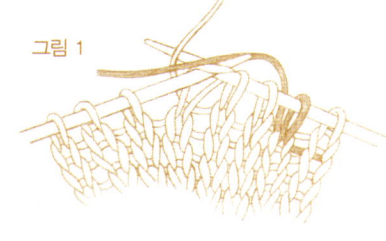

그림 1

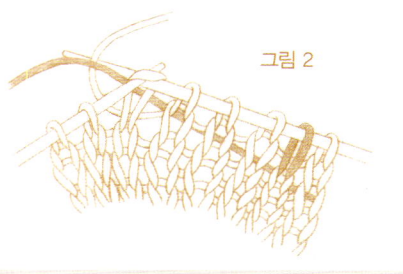

그림 2

아지로 차트

				×	×	×		×		

11
9
7
5
3
1

☐ 바탕색

☒ 배색

▽ 실을 편물 뒤로 둔 채로 안뜨기하듯이 1코 걸러뜨기

☐ 반복 단위

glossary
용어설명

솔기처리

매트리스 스티치

솔기를 꿰맬 편물들을 겉면이 위로 가도록
테이블에 펼쳐놓는다. 아래 가장자리에서
위로 올라가면서 스티치에 따라 다음과 같이
꿰맨다.

메리야스뜨기에서
솔기 여유분으로 1코를 둘 경우

실을 끼운 돗바늘로 한쪽 편물 가장자리
2코 사이에 가로로 걸쳐진 실 한 올을 들어
올리듯이 통과시킨 다음, 맞은 편 편물에서
같은 위치의 실과 바로 위의 실까지 두 올을
한꺼번에 통과시킨다(그림 1). *첫 번째 편물의
다음 실 두 올에 돗바늘을 통과시키고(그림
2), 두 번째 편물의 다음 실 두 올에
통과시킨다(그림 3). *표한 부분을 반복하고,
마지막에는 첫 번째 편물의 마지막 한 올 또는
두 올을 통과시키는 것으로 마무리한다.

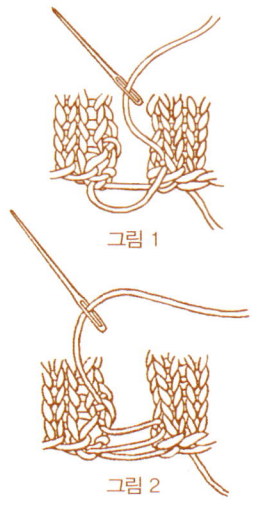

그림 1

그림 2

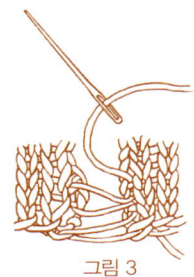

그림 3

메리야스뜨기에서
솔기 여유분으로 ½코를 둘 경우

솔기 부분이 많이 튀어나오는 것을 방지하려면
1코를 여유분으로 뒀을 때와 같은 방법으로
하되, 가장자리 2코 사이가 아니라 1코의
가운데에 걸쳐진 실에 돗바늘을 통과시킨다.

감침질

꿰맬 편물들을 가장자리가 가지런하게
포갠다. 실을 끼운 *돗바늘을 두 겹의 편물에
뒤에서 앞으로 통과시키고 바늘을 다시
뒤로 가져간다. 솔기를 꿰매는 실의 장력을
일정하게 유지하면서 *표한 부분을 반복한다.

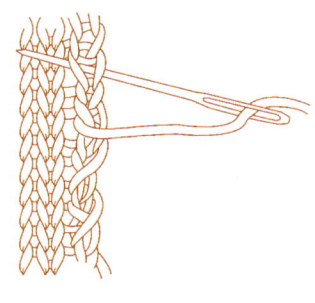

코 늘리기

앞뒤로 겉뜨기해 1코 늘리기

1코를 겉뜨기하되 코를 왼쪽 바늘에서 빼지
않는다(그림 1). 이어서 같은 코의 뒤쪽 고리를
통해 또 겉뜨기하고(그림 2) 그런 다음 원래의
코를 왼쪽 바늘에서 뺀다.(그림 3)

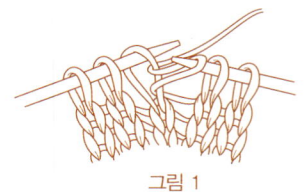

그림 1

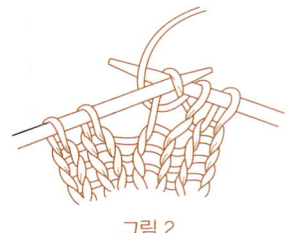

그림 2

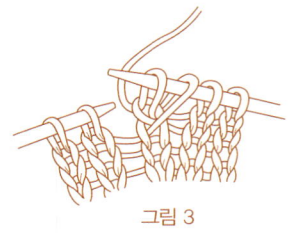

그림 3

앞뒤로 안뜨기해 1코 늘리기

1코를 안뜨기하되 코를 왼쪽 바늘에서 빼지 않는다(그림 1). 이어서 같은 코의 뒤쪽 고리를 통해 또 안뜨기하고(그림 2) 그런 다음 원래의 코를 왼쪽 바늘에서 뺀다.

그림 1

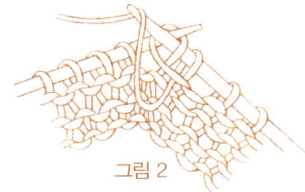

그림 2

1코 만들기

82쪽 참조.

안뜨기에서 1코 만들기

왼쪽 바늘 끝으로 두 바늘 사이에 걸친 실을 앞에서 뒤로 밀어 넣어 끌어올리고(그림 1), 이렇게 올린 코의 뒤쪽 고리를 통해 안뜨기한다.(그림 2)

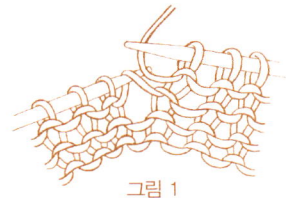

그림 1

그림 2

안뜨기로 코줍기

편물의 안면을 마주보고 오른쪽에서 왼쪽으로 움직이며 작업한다. ※바늘 끝을 가장자리 코의 뒤쪽에서 앞쪽으로 밀어 넣고(그림 1). 바늘에 실을 감아 고리를 만들어 뒤로 빼낸다(그림 2). 필요한 콧수만큼 ※표한 부분을 반복한다.

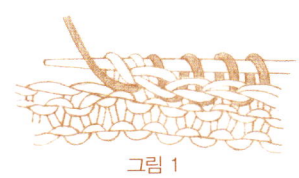

그림 1

그림 2

코막음

바늘 3개를 이용한 코막음

연결할 코들을 바늘 2개에 나누고, 편물의 겉면들이 서로 마주 닿도록 두 바늘을 평행으로 잡는다. 두 바늘에 걸린 각 첫 코들에 또 다른 바늘을 넣어(그림 1) 두 코가 마치 한 코인 것처럼 함께 겉뜨기한다(그림 2). ※두 바늘의 다음 코들을 같은 방법으로 겉뜨기하고, 왼쪽 바늘 끝으로 첫째 코를 들어 올려 둘째 코를 덮어씌운다(그림 3). 두 바늘에 코가 남지 않을 때까지 ※표한 부분을 반복한다. 실을 자르고 남은 실꼬리는 마지막 코에 통과시켜 고정한다.

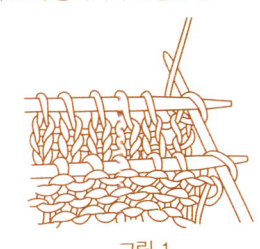

그림 1

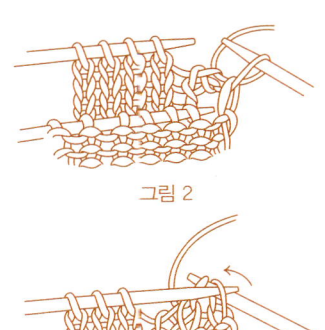

그림 2

그림 3

2코 1단으로 만드는 단춧구멍

주의: 2코로 된 단춧구멍 만들기를 설명하지만 그림에는 보기 쉽게 4코로 된 단춧구멍을 그려놓았다.

실을 편물 앞쪽으로 가져와서 다음 코를 안뜨기하듯이 걸러뜬 다음 실을 다시 편물 뒤로 가져간다. ※다음 코를 걸러뜨고, 먼저 걸러뜬 코로 방금 걸러뜬 코를 덮어씌운다(그림1). ※표한 부분을 1번 반복한다. 오른쪽 바늘에 걸린 마지막 코를 왼쪽 바늘로 옮기고 편물을 돌린다. 실을 편물 뒤로 두고, [오른쪽 바늘을 왼쪽 바늘의 첫째 코와 둘째 코 사이에 찔러 넣고(그림2), 실을 감아 고리를 뽑아내 왼쪽 바늘에 걸기]를 3번 한다. 편물을 돌리고 실을 편물 뒤로 둔 채, 왼쪽 바늘의 첫째 코를 오른쪽 바늘로 옮긴 다음 새로 만든 여분의 코로 덮어씌우면(그림 3) 단춧구멍이 완성된다.

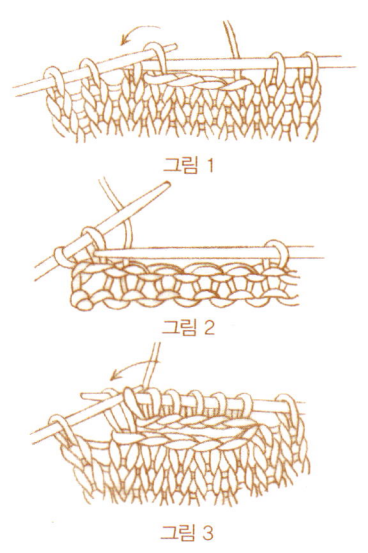

그림 1

그림 2

그림 3

코 만들기

감아 코 만들기

*실을 고리 모양으로 감아 고리가 풀리지 않도록 바늘에 건다. ※표한 부분을 반복한다.

겉뜨기 식 코 만들기

바늘에 코가 하나도 없는 경우에는 뜨개질할 실로 매듭을 하나 만들어 왼쪽 바늘에 건다. 왼쪽 바늘에 코가 하나라도 있을 때는, ※오른쪽 바늘로 왼쪽 바늘에 있는 첫 코(또는 방금 만든 매듭)를 겉뜨기하고(그림 1) 그렇게 해서 생겨난 새 고리를 왼쪽 바늘에 걸어 새 코로 삼는다(그림 2). 필요한 콧수만큼 ※표한 부분을 반복하는데, 항상 갓 만든 코에서 겉뜨기하여 새 코를 만든다.

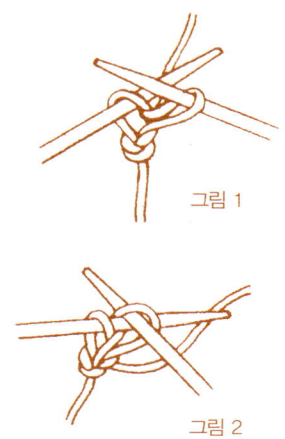

그림 1

그림 2

꽈배기 식 코 만들기

바늘에 코가 하나도 없을 때는, 뜨개질할 실로 매듭을 하나 만들어 왼쪽 바늘에 걸고 겉뜨기 식 코 만들기 방법으로 1코를 더 만들어 왼쪽 바늘에 건다. 바늘에 최소한 2코가 있을 때는, 그 바늘을 왼손으로 잡고 ※오른쪽 바늘을 왼쪽 바늘의 첫 2코 사이로 밀어 넣은(그림 1) 다음 겉뜨기하듯이 실을 감아 그 사이로 뽑아낸다(그림 2). 그런 다음 새로 만들어진 고리를 왼쪽 바늘에 걸어(그림 3) 새 코로 삼는다. ※표한 부분을 원하는 콧수만큼 반복하는데, 항상 갓 만든 코와 바로 다음 코 사이에서 코를 만든다.

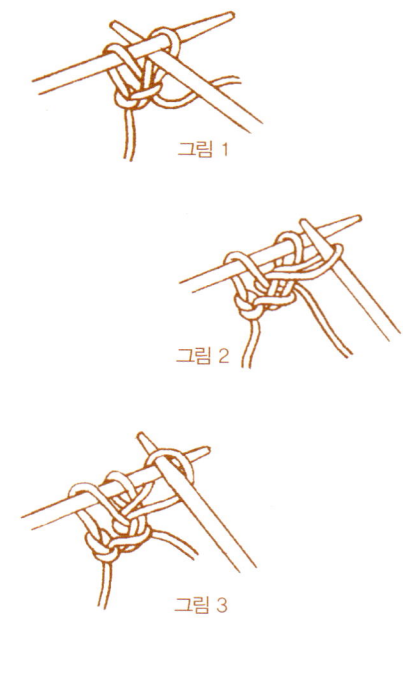

그림 1

그림 2

그림 3

코바늘을 이용한 임시 코 만들기

작업용 실이 아닌 다른 실과 코바늘을 가지고 사슬코(코바늘 항목 참조)를 필요한 콧수보다 4코 정도 많이 느슨하게 만든다. 대바늘과 작업용 실을 가지고, 끝의 사슬 2코를 건너뛰고 세 번째 사슬부터 사슬의 뒤쪽 고리에 바늘을 넣어 실을 감고 뽑아내 필요한 수만큼 코를 만든다(그림 1). 반대방향으로 뜰 준비가 되었을 때, 사슬코를 뜬 다른 실을 풀어내면 그대로 뜰 수 있는 코들이 드러난다.(그림 2)

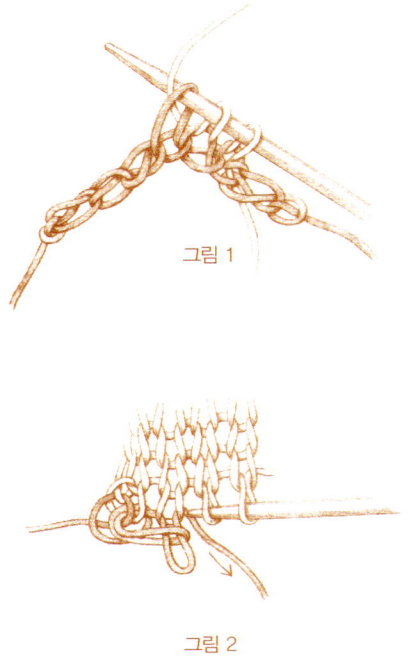

그림 1

그림 2

보이지 않는 임시 코 만들기

작업할 실로 느슨하게 매듭을 하나 지어 오른쪽 바늘에 건다. 대조적인 색깔의 다른 실을 매듭과 나란히 잡아 왼손 엄지에 걸어 잡고, 작업할 실은 왼손 검지에 걸어 잡는다. ※오른쪽 바늘을 앞으로 가져와 다른 실 아래로 넣었다가 작업할 실 위로 가져가 실을 감아 고리를 만들어 다시 앞쪽 다른 실 아래로 가져온다(그림 1). 이제 바늘을 작업용 실 뒤로 가져가 두 번째 고리를 만든다(그림 2). 필요한 콧수만큼 ※표한 부분을 반복한다. 반대방향으로 작업할 준비가 되었을 때, 다른 실을 뽑아내고 드러난 코를 바늘에 옮긴다.

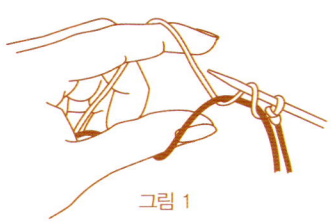

그림 1

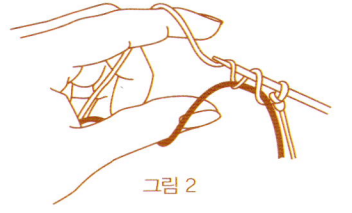

그림 2

코바늘뜨기

사슬뜨기

코바늘에 코가 하나도 없는 경우에는 매듭을 하나 만들어 코바늘에 끼운다. ※코바늘로 실을 감아 코바늘에 걸려 있는 고리 사이로 빼낸다. 필요한 콧수단큼 사슬이 만들어질 때까지 ※표한 부분을 반복한다. 코가 풀리지 않게 고정하려면 실을 자른 다음 마지막으로 만들어진 코 사이로 뽑아내 당긴다.

코 줄이기

오른코 모아뜨기

2코를 1코씩 겉뜨기하듯이 오른쪽 바늘로 옮기고(=걸러뜨고)(그림 1), 왼쪽 바늘 끝을 이 2코의 앞쪽 고리에 찔러 넣은 다음 오른쪽 바늘로 이 2코의 뒤쪽 고리를 통해 한꺼번에 겉뜨기한다(그림 2).

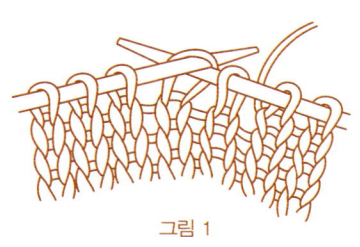

그림 1

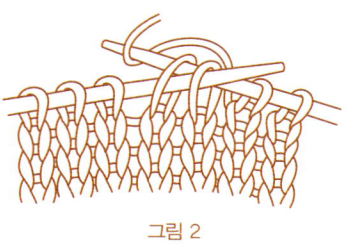

그림 2

오른코 3코 모아뜨기

3코를 1코씩 겉뜨기하듯이 오른쪽 바늘로 옮기고(=걸러뜨고), 왼쪽 바늘 끝을 이 3코의 앞쪽 고리에 찔러 넣은 다음 오른쪽 바늘로 이 3코의 뒤쪽 고리를 통해 한꺼번에 겉뜨기한다.

안뜨기에서 오른코 줄이기

실을 편물 앞으로 둔 채 2코를 1코씩 겉뜨기하듯이 오른쪽 바늘로 옮긴(=걸러뜬)(그림 1) 다음. 이 2코를 다시 왼쪽 바늘로 옮기고(코의 방향이 꼬여서 바늘에 걸린다). 이 2코의 뒤쪽 고리를 통해 한꺼번에 안뜨기한다.(그림 2)

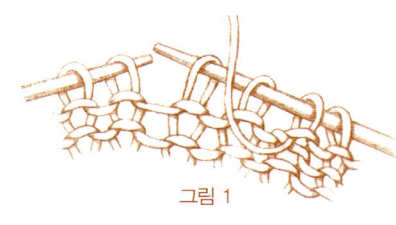

그림 1

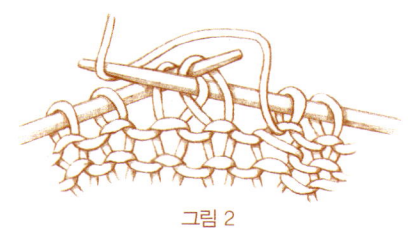

그림 2

편물 잇기(그래프팅)

키치너 스티치(=메리야스 잇기)

바늘 2개에 똑같은 콧수가 걸리게 코들을 배열한다. 양쪽 편물의 겉면이 위를 향하도록 두 바늘을 평행으로 잡는다. 1코당 1.3cm 정도 되는 길이의 작업용 실을 돗바늘에 끼우고, 다음과 같이 편물을 이어준다.

1단계. 앞쪽 바늘의 첫째 코에 안뜨기하듯이 돗바늘을 통과시키고 코는 바늘에서 빼지 않는다. (그림 1)

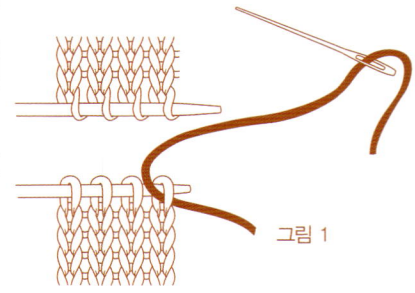

그림 1

2단계. 뒤쪽 바늘의 첫째 코에 겉뜨기하듯이 돗바늘을 통과시키고 코는 바늘에서 빼지 않는다. (그림 2)

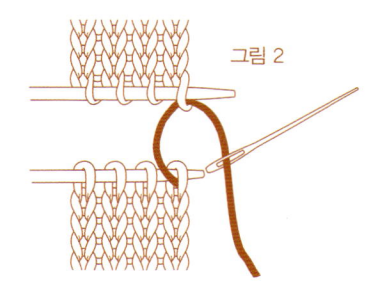

그림 2

3단계. 앞쪽 첫째 코에 겉뜨기하듯이 돗바늘을 통과시켜 코를 바늘에서 뺀 다음. 앞쪽 다음 코에 안뜨기하듯이 돗바늘을 통과시키고 코는 바늘에서 빠지지 않는다. (그림 3)

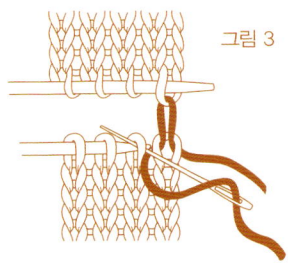

그림 3

4단계. 뒤쪽 첫째 코에 안뜨기하듯이 돗바늘을 통과시켜 코를 바늘에서 뺀 다음. 뒤쪽 다음 코에 겉뜨기하듯이 돗바늘을 통과시키고 코는 바늘에서 빠지지 않는다. (그림 4)

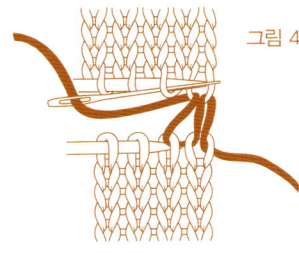

그림 4

각 바늘에 1코씩 남을 때까지 3단계와 4단계를 반복한다. 이때 잇는 실의 장력이 편물의 나머지 부분과 맞도록 잘 조절한다. 마지막에는 앞쪽 코에 겉뜨기하듯이 돗바늘을 통과시키고 코를 바늘에서 뺀 다음 뒤쪽 코에 안뜨기하듯이 돗바늘을 통과시키고 코를 바늘에서 뺀다.

가터뜨기에서 편물 잇기

88쪽 참조.

1) 스트랜디드(stranded) 기법

두 가지 이상의 색깔 실로 무늬를 넣어 뜰 때. 뜨지 않는 실을 편물 뒤쪽에서 끌고 가며 뜨는 방법

2) 스티크(Steeks)

잘라낼 추가 코

3) 플로트

실의 색깔을 바꾸며 무늬를 넣을 때 뜨지 않는 실을 편물 뒷면에서 끌고 가서 생기는 가로로 걸쳐 있는 실

Sources for Yarn

털실 재료

이 책에서 사용된 실은 모두
Kelbourne Woolens에서 유통되는
The Fibre 사 제품입니다.

Kelbourn Woolens

915 North 28th Street, second floor
Philadelphia, PA 19130
kelbournewoolens.com